财政税收与金融风险控制

翟　曦◎著

图书在版编目（CIP）数据

财政税收与金融风险控制 / 翟曦著 . -- 哈尔滨 : 哈尔滨出版社 , 2025. 3. -- ISBN 978-7-5484-8471-4

Ⅰ. F812；F832.1

中国国家版本馆 CIP 数据核字第 2025LF4289 号

书　　名：财政税收与金融风险控制
CAIZHENG SHUISHOU YU JINRONG FENGXIAN KONGZHI

作　　者：翟　曦　著
责任编辑：刘　硕
封面设计：研杰星空

出版发行：哈尔滨出版社（Harbin Publishing House）
社　　址：哈尔滨市香坊区泰山路82-9号　　邮编：150090
经　　销：全国新华书店
印　　刷：北京鑫益晖印刷有限公司
网　　址：www.hrbcbs.com
E-mail：hrbcbs@yeah.net
编辑版权热线：（0451）87900271　87900272
销售热线：（0451）87900202　87900203

开　　本：787mm × 1092mm　1/16　印张：14.75　字数：237千字
版　　次：2025年3月第1版
印　　次：2025年3月第1次印刷
书　　号：ISBN 978-7-5484-8471-4
定　　价：68.00元

前　言

本书探讨财政税收与金融风险控制的关系，旨在深入剖析当前全球化经济环境下财政税收政策与金融市场的互动及其对金融风险控制的影响。本书通过多角度、多维度的分析，力图为学术界和实践领域提供新的思路与方法，帮助读者全面了解财政税收政策与金融风险控制的理论基础及实践应用。

在全球化及市场经济迅猛发展的背景下，财政政策和税收政策作为政府宏观调控的重要手段，越来越被重视。它们不仅在调节金融市场波动、控制金融风险方面具有重要意义，更是在国家经济发展的稳定性中扮演着重要角色。近年来，全球金融市场危机频发，从 2008 年全球金融危机到近年的经济波动，都对我国财政政策和税收政策提出了新的挑战。在此背景下，如何通过合理的财政税收政策来应对金融风险的挑战，成为当今金融学界和实践领域亟待解决的重要问题。

本书的核心目标是通过对财政税收与金融风险控制理论的研究，探讨二者的内在联系与互动机制，进一步揭示财政税收政策如何在风险控制中发挥作用。首先，财政税收政策是国家调控经济的重要工具，能够通过调整税率、优化财政支出等手段，影响市场预期与市场流动性，从而稳定金融市场。而金融市场的稳定性又与国家税收密切相关，市场的不稳定会对税收产生直接影响。因此，如何实现财政税收政策与金融风险控制的良性互动，成为本书研究的重心。

本书分为十二章，内容涵盖了从基础理论到实践应用的多个方面。第一章通过概述财政税收与金融风险控制的基本理论与框架，初步介绍了财政税收与金融风险控制之间的相互作用，并对金融市场的不稳定如何影响税收进行了分析。第二章进一步探讨了财政税收政策对金融市场稳定性的贡献，着重分析了税收政策在维护金融市场稳定方面的作用。通过历史案例和国际比较，揭示了财政政策和税收政策的具体应用及其对金融市场稳定性的促进作用。第三章则聚焦于金融风险识别与评估技术，介绍了金融风险识别的方法、评估的指标体系以及常见的金融风险评估模型，为研究者提供了实践中可操作的风险评估工具。第四章讲述了金融风险分散与对冲策略，探讨了如何通过分散投资和金融衍生工具等实现风险的有效管理和控制。第五章介绍了金融风险转移与保险机制，分析了金融风险如何通过保险机制得到有效转移，探索了保险在风险管理中的潜力。第六章通过对财政税收政策在金融风险控制中的实践分析，进一步阐述了税收政策如何在现实中防范和应对金融风险。第七章讲述金融风险控制的法律与监管框架，涵盖其法律基础、监管体系、国际合作与协调等，为金融风险防控提供法律与监管层面的支撑。第八章聚焦金融风险控制的技术创新与应用，阐述技术创新的作用、应用实践、挑战与对策及未来趋势。第九章探讨金融风险控制的国际合作与全球治理，包括国际合作机制、全球金融风险治理的挑战与机遇、国际合作案例分析以及我国的国际合作。第十章分析金融风险控制的微观主体策略，涉及金融机构、企业、个人投资者的风险控制策略等，指导各类微观主体有效应对金融风险。第十一章聚焦金融风险控制对宏观经济的影响，剖析其对经济增长、金融稳定以及货币政策和财政政策的多方面影响，揭示金融风险控制与宏观经济运行的内在联系。第十二章全面分析金融风险控制面临的挑战，并提出相应的对策。

本书通过对财政税收与金融风险控制理论的深入研究，力求为学术界提供新的理论视角，为政策制定者提供有益参考，并为金融市场的参与者提供可行的风险控制策略。作者在编写本书的过程中，广泛查阅了大量文献和案例，力求确保书中的观点和分析具有理论和实践相结合的特点。希望读者能够从本书中汲取有益的知识，不仅理解财政税收与金融风险控制的基本理论，也能够在实践中灵活运用所学的风险控制工具和策略。

目　录

第一章　财政税收与金融风险控制概述

第一节　财政税收的基本概念与功能

财政税收是现代国家经济管理的重要手段之一，它不仅在国家的财政体系中占据了核心地位，也在调节社会财富分配、促进经济发展和维持社会稳定方面发挥着至关重要的作用。理解财政税收的基本概念和功能，有助于更深入地认识税收政策对国家经济和社会的深远影响。

一、财政税收的基本概念

财政税收，通常指的是国家、地方政府等公共部门依法征收的，作为公共财政收入来源的强制性经济摊派。它不仅包括直接税收（如个人所得税、企业所得税等）和间接税收（如增值税、消费税等），还涉及其他形式的税款如财产税、资源税等。税收是政府财政收入的主要来源，依靠税收，政府可以开展各项社会公共服务、基础设施建设和维护社会秩序等工作。

税收与其他收入来源（如政府债务、国有企业收益等）有着明显的区别。税收不仅是通过法律手段强制征收的，而且是普遍适用于所有公民和法人，并且具有一定的社会目的性。

（一）税收的来源与征收方式

税收主要有两个来源：一是通过劳动和生产活动产生的税款；二是来自资本的积累、交易及其增值。这些税款的征收方式多种多样，除了传统的直接税（如个人所得税、公司所得税），还有间接税（如增值税、消费 = 税）。不同形式的税收通过不同的征收方式，体现了政府对经济活动的干预与调节能力。

（二）税收的强制性

税收具有明显的强制性，这是与市场交易中的自愿支付不同的重要特点。税收是政府通过法律制度规定的一种强制行为，国家通过税收征收权实现对国民经济的宏观调控。因此，税收具有法律属性，任何违反税收法的行为都可能受到法律制裁。

（三）税收的目的性

税收不仅是一种调节经济和社会资源配置的工具，还是国家政府收入的手段。通过税收，政府可以调节收入分配，推动经济结构的优化调整，同时也可以应对通货膨胀、失业等社会经济问题。

二、财政税收的主要功能

税收作为政府财政收入的重要组成部分，具有多种功能。从微观经济到宏观经济，从收入分配到社会福利，税收都在其中发挥着不可替代的作用。

（一）收入功能

1. 国家财政收入的主要来源

税收是国家获得财政收入的核心渠道。政府通过征收税款获得必要的财政资金，支持各类公共支出，如教育、医疗、国防、基础设施建设等。没有税收，政府就难以实现其公共服务的目标，无法有效履行公共职能。因此，税收的收入功能对于政府的财政健康至关重要。

2. 保障社会公共服务的可持续性

税收为社会公共服务提供了可持续的资金支持。例如，在社会保障领域，政府依赖税收来支付养老金、失业保险和其他社会福利支出。通过合理的税收分配，政府能够保障弱势群体的基本生活需求，增强社会的凝聚力和稳定性。

（二）调节功能

1. 收入再分配功能

税收通过调节收入分配，缩小社会贫富差距，促进社会公平。一般来说，政府会对高收入群体征收较高的税，让低收入群体交相对较少的税。通过这种方式，税收能够实现社会财富的再分配，减少社会矛盾，提升社会公平感。例如，累进税制的实行，通常能有效地将一部分高收入者的财富转移到低收入群体手中，从而优化社会财富结构。

2. 经济调控功能

税收的调节功能体现在对经济活动的影响上。政府可以通过税收政策对经济进行宏观调控。在通货膨胀期间，政府可能通过提高税率或扩大税收的征收范围来减少市场上的资金流动，从而达到抑制物价上涨的目的；而在经济衰退时期，政府则可能通过减税、降低税率等手段刺激消费和投资，推动经济复苏。因此，税收不仅是收入的来源，也是调控宏观经济的有力工具。

3. 引导产业结构优化

税收政策能够通过对不同产业、行业、企业类型进行差别化征税，鼓励资源流向特定的领域或行业，从而推动产业结构的调整。例如，政府可能对绿色能源行业给予税收优惠，刺激绿色经济的发展；或者对高污染企业征收较高的税，以促使其转型升级。这种通过税收调节的政策，不仅有助于提升经济效益，还能实现社会整体发展方向的优化。

（三）促进经济增长功能

1. 激励投资与生产

税收政策通过鼓励企业和个人进行更多的投资与生产，促进经济增长。政府可以通过税收减免或优惠措施吸引企业投资新兴产业，尤其是在科技创新、环保、新能源等高新技术领域，税收优惠政策能够吸引大量资本流入，推动技术进步和产业发展。

2. 激发市场主体活力

税收政策有助于激发市场主体的活力。合理的税收负担可以提高企业和个人的收入，鼓励他们增加生产和消费。这种通过税收优化市场环境的措施，能够促进国内消费需求的增长，进而带动整体经济的增长。

（四）调节社会行为与社会责任功能

1. 促进社会责任的履行

税收不仅是政府与纳税人之间的财务关系，更是国家对社会责任的一种履行。在某些领域，税收政策可以促使企业或个人承担更多的社会责任。例如，环保税的征收能够迫使企业在生产过程中更加注重环保；对于不道德行为或非法行为的处罚性税收，如奢侈品税、烟酒税等，则可以有效引导社会行为，降低一些潜在的社会成本。

2. 引导社会财富的合理流动

税收有助于引导财富在社会中合理流动，减少贫富差距，促进社会和谐。通过财政税收，政府能够采取措施促进对低收入群体的支持，提供教育、医疗等社会保障，而对高收入群体则通过较高的税率进行调节，保持社会的财富平衡。

三、财政税收在金融风险控制中的作用

财政税收不仅仅是国家财政收入的来源，它还在金融风险的控制中起到了不可忽视的作用。金融风险的产生往往与经济过热、投资泡沫、市场失灵等因素密切相关，而税收通过调节经济活动，能够有效遏制金融风险的扩散。

（一）稳定市场预期，降低市场波动性

通过灵活运用税收政策，政府能够影响市场预期，稳定经济运行。例如，政府在经济过热时提高税收，减少市场上的过多资金流动，能够有效预防资产泡沫的形成；在经济低迷时期则可以降低税收，刺激投资和消费需求，带动经济复苏。通过这种方式，税收政策有助于降低金融市场的波动性，减轻金融风险。

（二）防止财政赤字与金融危机

合理的税收政策可以帮助政府避免过度依赖债务融资，防止财政赤字的出现。财政赤字的扩大往往会导致政府债务的增加，进而影响金融市场的稳定。因此，通过合理的税收体系和征收方式，政府可以实现财政收入的稳步增长，减少债务依赖，从而控制金融风险的发生。

第二节　金融风险控制的基本理论与框架

一、金融风险的概念与分类

金融风险是指金融体系中的各类不确定性因素，可能对金融市场、金融机构、投资者及借款人产生不利影响，导致资产损失或收益波动。风险的产生和传播不仅与金融市场的结构和参与者的行为密切相关，而且还受到经济、政治、社会等多种外部因素的影响。金融风险控制是通过各种策略和手段来识别、评估、管理和降低金融风险的过程，旨在保护金融机构及其客户的财产安全，稳定市场环境。

根据不同的维度，金融风险可以分为以下几类：

（一）市场风险

市场风险是指由于市场价格或市场条件的变动，导致投资资产的价值发生变化的风险。市场风险通常包括利率风险、股票价格风险、外汇风险等。

1. 利率风险

指由于市场利率的波动，可能影响银行贷款利率、债券收益率等金融产品的价值变化。利率变动对银行的负债和资产结构具有直接影响，进而影响其利润和偿债能力。

2. 股票价格风险

与股票市场波动密切相关。股票价格的上升或下降将直接影响投资者的资产价值，尤其是在股市剧烈波动的环境下，风险更加突出。

3. 外汇风险

随着全球化经济的发展，外汇市场的波动性增大，尤其是在汇率浮动较大的时期，汇率变动可能导致跨国公司、金融机构及个人投资者的资产负债表受到严重影响。

（二）信用风险

信用风险是指借款方未能按时履行其债务或合约义务，导致贷款人或债权人面临损失的风险。信用风险的主要来源是债务人的信用状况，尤其是在经济衰退或市场环境变化时，违约的风险会大大上升。

（三）流动性风险

流动性风险指的是市场或个别机构由于缺乏足够的流动资产而无法及时偿付到期债务的风险。流动性风险包括资金短缺风险和市场流动性风险，尤其是在金融市场震荡时，流动性风险往往被进一步放大。

（四）操作风险

操作风险是指由内部管理、技术、程序或外部事件所引起的损失风险，主要包括技术故障、人员疏忽、管理失误等因素。操作风险虽然不像市场风险那样直接与市场价格波动挂钩，但它会影响到机构内部的运营效率和风险控制能力。

（五）法律与合规风险

法律与合规风险是指由于法律规定、监管政策变化或不符合要求，导致金融机构面临法律诉讼、处罚或声誉受损的风险。随着监管环境日趋严格，金融机构必须在业务操作中保持高标准的合规性，以避免法律风险。

二、金融风险控制的理论基础

金融风险控制的核心是通过理论框架的构建来对风险进行有效识别、评估和应对。金融风险控制的理论基础主要包括以下几个方面：

（一）现代投资组合理论

现代投资组合理论由哈里·马科维茨提出，主张通过多样化投资来降低整体风险。在金融风险控制中，这一理论强调资产配置的多样化可以有效分散个别资产的风险，从而实现风险的最优化管理。

1. 多样化投资

通过在不同行业、不同地域或不同金融工具之间进行分散投资，可以减少单一资产的风险对整体投资组合的影响。例如，投资者可以将部分资金投入股票市场，部分资金投入债券市场，甚至是房地产市场，从而实现资产的多元化，减少市场波动对投资组合的冲击。

2. 最优化配置

根据不同资产的风险特征和收益特性，进行合理的资产配置。在风险控制中，投资组合的优化配置是关键，运用现代资产定价模型（如资本资产定价模型）可以计算出各类资产的最佳投资比例。

（二）风险价值理论

风险价值（VaR）是金融风险管理中广泛应用的工具之一，旨在评估在给定时间区间内，某一资产组合或金融机构在一定置信度下可能遭遇的最大损失。VaR 的应用可以帮助机构提前了解其潜在风险暴露，从而采取相应的防范措施。

VaR 的计算通常基于历史模拟法、方差 – 协方差法和蒙特卡罗法等。历史模拟法通过回顾历史数据，预测未来可能的损失；方差 – 协方差法通过假设资产收益率服从正态分布，估算潜在风险；蒙特卡罗法则通过模拟大量随机路径，计算风险值。

（三）风险管理的资本充足理论

资本充足率是衡量金融机构抗风险能力的重要指标，特别是在银行等金融机构中，充足的资本储备可以有效应对突发的金融风险。根据巴塞尔协议，金融机构需要根据其风险暴露水平，维持一定比例的资本充足率。

当金融机构的资本充足率较低时，它的承受风险的能力相对较弱，一旦市场出现大幅波动或机构出现信用风险，可能会面临破产或被迫进行资产重组，而资本充足率的提高可以增强机构对突发风险的应对能力。

（四）信用风险评估与管理模型

信用风险评估模型主要通过对借款人的信用状况进行分析，评估其违约的可能性。常见的信用评估模型包括信用评分模型、Z 分数模型、Logit 回归模型等。通过对借款人信用风险的提前评估，金融机构能够在发放贷款前采取相应的风险缓解措施。

1. 信用评分模型

通过对借款人历史信用记录、财务状况、还款能力等进行综合评分，金融机构可以判断借款人是否具备按时还款的能力。

2. Z 分数模型

Z 分数模型通过分析公司财务报表中的各项指标，预测公司破产的可能性。该模型常用于对企业的信用风险评估。

（五）操作风险管理理论

操作风险管理理论的核心是通过建立健全的内部控制机制、提高技术设备的可靠性、加强员工培训等措施，来减少因操作失误、管理漏洞或技术故障等因素导致的损失。随着信息技术的发展，操作风险管理逐渐发展为更加精细化和系统化的理论。

建立完善的内部控制系统，是防范操作风险的关键。金融机构需要通过严格的内审和合规检查，确保业务流程的合规性和操作的规范性。

三、金融风险控制的框架体系

金融风险控制的框架体系是通过对各类金融风险进行有效识别、评估、监控、管理和减缓，形成一套有机的、完整的风险管理体系。通常，金融风险控制框架包括以下几个方面：

（一）风险识别与评估

风险识别是金融风险控制的第一步，通过对金融市场、金融产品、金融机构等的深入分析，识别可能存在的风险源。评估是对已识别风险进行定量或定性的评估，预测风险发生的概率和潜在损失。

（二）风险监控与预警

在风险评估的基础上，金融机构应建立风险监控系统，实时跟踪市场动态、行业变化、政策调整等因素，及时发现可能的风险信号。同时，通过预警机制，提前采取措施防范风险的发生。

（三）风险缓解与转移

当风险发生时，金融机构可以采取一系列措施进行缓解。例如，通过对冲交易、分散投资、购买保险等手段，降低风险对机构的影响。风险转移则是通过将部分风险转移给其他机构或市场来实现，如通过衍生品市场进行风险对冲。

（四）风险控制的合规性管理

合规性管理是金融风险控制中不可或缺的一部分。金融机构必须遵守相关法律法规、监管政策，确保其风险控制措施合法合规。同时，合规性管理也是防范法律风险的重要手段。

（五）持续改进与动态调整

金融风险控制的过程是一个持续动态的过程，随着市场环境、政策变化和内部经营状况的变化，金融机构必须不断调整和优化风险控制策略，确保其持续有效。

第三节　财政税收与金融风险控制的关系

一、财政税收与金融风险控制的基本概念

财政税收与金融风险控制是两个在现代经济管理中具有重要地位的领域，它们各自独立但又密切相互关联。财政税收涉及政府如何通过税收手段筹集资金，用于公共支出和社会发展；而金融风险控制则是金融体系为了避免或减轻金融市场波动、金融机构破产或资产价值损失等风险所采取的措施。

（一）财政税收的定义与功能

财政税收是政府为了筹集公共财政收入，按法定的标准和程序，从个人、企业和其他经济主体那里征收的各类资金。税收是政府财政收入的主要来源，直接影响国家的经济政策、公共服务以及社会福利等方面。财政税收的功能不仅仅局限于资金筹集，它还具有调节经济、优化资源配置、促进公平分配等多重作用。税收政策的调整和改革常常成为政府经济调控的重要手段。

（二）金融风险控制的定义与功能

金融风险控制是金融市场、金融机构和金融监管机构采取一系列手段和措施，旨在识别、评估和减轻金融活动中潜在风险的过程。金融风险包括市场风险、信用风险、流动性风险等，合理的风险控制能够有效预防金融危机的发生，维护金

融系统的稳定性。金融风险控制的核心内容包括建立风险管理框架、制定合理的资产负债管理策略、加强监管合规以及应对系统性风险的防范等。

二、财政税收与金融风险控制的内在联系

财政税收与金融风险控制虽属不同领域，但它们之间存在着复杂的相互作用和内在联系。从宏观经济的角度来看，财政税收与金融风险控制相辅相成，彼此对国家经济稳定和金融系统的健康运行起到关键作用。

（一）财政政策对金融风险的影响

政府的财政政策，尤其是税收政策，对金融市场的稳定性有着重要影响。税收的增加或减少、税收结构的调整、税率的变化都可能直接影响到消费者、企业的行为和投资决策。例如，当政府提高某类税收时，可能会减少企业的现金流，从而影响其偿债能力和金融市场的稳定性。反之，税收减免政策可以刺激消费和投资，提升经济活力，从而对金融市场起正向反馈作用。

（二）税收政策的调整与金融风险防范

税收政策的设计和实施是金融风险控制的重要外部环境因素。通过优化税收结构和调节税负，政府可以引导资金流向更健康的投资领域，降低不良资产的积累。例如，政府通过减税政策促进企业投资，可以刺激经济增长，减少金融市场的系统性风险。此外，政府还可以通过制定专项税收政策，引导金融市场的资金流动，防止泡沫经济的形成，从而达到风险控制的目的。

（三）财政税收对金融机构的资本充足性和风险承担能力的影响

金融机构的资本充足性是防范金融风险的基石。财政税收政策可以通过调整金融机构的税负，影响其资本储备水平。税收的增加可能削弱银行的盈利能力，进而影响其资本积累和风险承担能力。因此，合理的税收政策可以增强金融机构的抗风险能力，从而在宏观上增强金融系统的稳定性。

（四）财政税收政策与金融监管政策协同作用

在宏观经济调控中，财政税收政策与金融监管政策往往相辅相成。税收政策的调整不仅会影响企业和个人的经济行为，还会对金融市场的风险管理和金融机构的合规操作产生直接影响。例如，税收优惠政策可能吸引更多的企业贷款，从

而提高银行的资产负债比率，但如果监管不力，可能引发信贷过度扩张，增加金融风险。因此，财政税收政策与金融监管政策需要协调配合，共同促进经济健康发展和金融市场的风险防范。

三、财政税收在金融风险控制中的具体作用

财政税收不仅是政府获取财政收入的重要途径，它还在金融风险控制中发挥着多方面的作用。

（一）通过财政税收调节宏观经济，防止金融危机

财政税收的调整直接影响国家经济的运行。税收政策的变化可能通过影响消费者和企业的支出、储蓄与投资行为，进而对金融市场的风险产生影响。比如，在经济过热时，政府可以通过提高税收来降低市场的过度投资，减少金融泡沫的形成，防止金融危机的爆发；而在经济下行时，政府可以通过减税刺激消费和投资，避免金融系统陷入危机。

（二）加强金融机构资本积累，增强风险防范能力

财政税收政策可以间接加强金融机构的资本积累。例如，通过合理的税收优惠政策，鼓励银行等金融机构加强自身的资本积累，增强其在市场波动中的风险承受能力。税收的适当调节也可以提高金融机构的自有资本比率，降低其杠杆水平，从而在金融市场动荡时更容易维持稳定。

（三）推动金融产品创新，促进金融市场稳定

税收政策的创新能够推动金融产品的多样化和创新，为金融市场提供更多风险分散和管理工具。例如，通过税收优惠政策，政府可以鼓励企业和金融机构开发创新型金融产品，如绿色债券、环境保险等。这些新型金融产品能够有效分散金融市场的风险，促进金融系统的长期稳定。

（四）优化金融市场的税收环境，降低金融交易成本

金融市场中的税收负担对投资者和金融机构的行为有着深刻影响。过高的税收负担可能抑制投资者的市场参与热情，影响金融市场的流动性。因此，政府在制定金融税收政策时，应注重优化税收环境，降低金融交易成本。通过减税、简化税务程序等手段，可以提升市场的资金流动性，降低金融风险的发生概率。

四、金融风险控制对财政税收政策的反作用

除了财政税收政策对金融风险控制的影响外，金融风险控制的有效性也会对财政税收政策的执行产生反作用。在金融市场稳定、金融机构健康发展的情况下，财政税收政策能够更有效地推动经济的增长；而当金融风险控制出现问题时，财政税收政策可能面临执行困难。

（一）金融市场不稳定对税收的影响

金融市场的不稳定会直接影响税收。金融危机、股市暴跌或房地产市场崩盘等都可能导致企业和个人收入的下降，从而影响税收的征收效率和规模。例如，2008 年全球金融危机导致了大量企业倒闭和失业率上升，税收大幅下降，政府的财政状况严重恶化。相反，金融市场的稳健运行能够为税收政策的实施提供更为充足的财政基础。

（二）金融风险控制失误导致财政税收政策执行难度增加

如果金融风险控制未能有效执行，金融体系出现崩溃或大规模的金融机构倒闭，将导致财政收入的急剧下降。此时，政府可能需要依赖更为激进的税收措施或其他财政政策来填补财政收入的空缺。这往往会加重税负，影响社会的经济活力和金融市场的稳定性。因此，金融风险控制的失败往往会使得税收政策面临更大的挑战。

财政税收与金融风险控制不仅仅是两个独立的领域，它们在现代化经济体系中相互作用、密切联系。财政税收通过调节经济运行、优化资源配置和促进社会公平，直接或间接影响金融市场的稳定性。金融风险控制则为财政税收政策提供了健康的金融环境，确保税收的稳步增长和经济的持续发展。因此，只有在财政税收政策与金融风险控制有效协同的前提下，国家经济和金融体系才能实现可持续发展。

第二章 财政税收政策与金融市场稳定

第一节 财政政策对金融市场的影响

一、财政政策与金融市场的基本概念

财政政策是政府为了实现经济目标，通过税收、公共支出和借贷等手段，对经济进行调控的一种政策工具。其主要目标是促进经济稳定、促进就业、控制通货膨胀、促进经济增长及实现社会公平，而金融市场则是指进行资金交换、证券交易以及资本流动的场所，是经济资源配置的重要平台。它涵盖了货币市场、资本市场、外汇市场等多种形式，是资本流动、信息交换和风险分配的重要媒介。

财政政策通过调整政府的收入和支出，间接地影响金融市场的资金供给、需求以及市场预期。财政政策的调整，尤其是税收政策、公共投资等方面，往往会影响金融市场中的资本流动、利率波动、股票价格等多个方面。因此，财政政策与金融市场之间的互动关系，成为研究经济运行与风险控制中的关键一环。

二、财政政策对金融市场的主要影响机制

财政政策对金融市场的影响可以通过多个机制体现，具体而言，主要表现在以下几个方面。

（一）政府支出与市场流动性的关系

政府支出与市场流动性的关系是一个复杂的经济现象，涵盖了多个方面的相互作用。简而言之，政府支出的变化直接或间接地影响金融市场的资金流动性，尤其是在经济萎缩或增长过程中。通过财政政策的调节，政府不仅可以通过增加公共投资或社会福利支出向市场注入资金，还能够通过不同的渠道影响市场需求、

资本市场活跃度、货币市场的资金供求关系以及整体金融市场的稳定性。因此，深入分析政府支出如何与市场流动性之间产生联系，对于人们理解宏观经济政策的效果，尤其是在经济周期的波动中，具有重要的意义。

政府支出的增加通常会刺激市场需求，从而直接影响市场流动性。市场需求的增加意味着企业、消费者、投资者等各方都需要更多的资金来进行生产、消费和投资活动。在这种情况下，资金需求的增加会直接提高金融市场中资金的流动性。尤其是基础设施投资、公共事业支出等项目，可以有效带动特定行业的需求上升，进而推动银行贷款的需求增长。银行作为资金流动的主要渠道，在此过程中会受到政府支出的推动，增加贷款的发放，刺激市场中资金的流动，形成良性的资金循环。例如，当政府决定大规模进行基础设施建设时，建筑、材料、运输等相关行业的资金需求会迅速增长，这不仅促使银行为这些行业提供更多的贷款，而且还通过带动就业和增加个人收入等手段，进一步推动消费市场的需求，从而形成一个相互促进的市场流动性提升过程。此外，政府支出不仅能通过刺激市场需求来间接影响市场流动性，还能通过提高资本市场的活跃度来提高流动性。当政府采取刺激性财政政策，尤其是大规模基础设施投资时，相关企业的资金需求通常会急剧增加。这些企业通过银行贷款或资本市场融资来获得所需资金，而这些融资行为往往提高了资本市场的交易量和市场活跃度。资本市场作为资金流动的重要渠道，反映了投资者对经济前景的预期。政府支出的增加，尤其是集中于某些重点行业的支出，往往能够迅速激活资本市场。例如，当政府决定加大对高科技产业的投资时，这一支出会直接推动高科技公司的融资需求，进而引发股票市场上这些公司的股票价格上涨，投资者的信心也会因此增强，带动股市整体上涨。与此同时，资本市场的活跃度提升也会带动投资者之间的资金流动，从而提高了整个金融市场的流动性。

在资本市场中，政府支出的影响不仅仅体现在股市的上涨，还会通过拉动相关产业链的资金流动来进一步提升市场活跃度。例如，政府在进行基础设施建设时，所需的材料、技术、劳动力等各方面资源会形成产业链的资金流动。这种资金流动不仅直接为相关企业提供了资金支持，还通过增加对这些产业的资本投入，提高了资本市场中相关股票的交易活跃度。投资者在资本市场中的频繁活动，也使得资金流动更加顺畅，进一步提高了市场的流动性。这种正向循环有助于提高金融市场的整体稳定性，使其能够更好地应对外部冲击和内部调整。

政府支出的另一个重要作用是调节货币市场的资金供求关系。货币市场的资金供求关系直接影响金融市场的流动性。当政府增加支出时，尤其是通过财政赤字的方式进行支出时，政府往往需要通过发行国债或其他形式的融资来为其支出提供资金。这一过程在短期内可能会导致市场中的资金供应增加，从而影响利率水平和资金的流动性。政府支出的增加通过这些融资行为，进一步促进了市场的资金供给，从而提高了资金的流动性。例如，政府通过发行债券筹集资金时，市场上购买债券的资金需求增加，这一过程也促使市场中更多资金流入金融体系，带动整体流动性的提升。然而，政府支出的增加也可能带来一定的风险，尤其是在政府支出过度或不合理的情况下，可能会对市场流动性造成负面影响。过度的财政支出可能会引发通货膨胀，进而影响市场资金的实际购买力，从而在长期内导致资金流动性下降。通货膨胀带来的物价上涨会使得消费者的实际收入下降，进而抑制消费需求，从而影响金融市场的资金流动性。与此同时，过度的政府支出也可能导致财政赤字的规模不断增加，这会提高国家的负债水平，进而影响市场对国债的需求以及市场流动性的稳定性。因此，政府在调整支出时，必须平衡支出的合理性与市场的需求，确保财政政策不会对市场流动性造成不必要的压力。

政府支出对市场流动性的影响也不是单向的。在某些情况下，市场的流动性也会反过来影响政府支出的效果。当市场流动性较强时，企业和消费者对资金的需求会更高，政府的财政支出能够更有效地激发市场的活力，从而推动经济的增长，而当市场流动性较弱时，政府的支出可能会因为市场需求不足而无法产生预期的效果。这种双向的互动关系提醒我们，政府在进行财政支出时需要考虑市场流动性的变化，灵活调整支出策略，以确保政策的有效性。

在全球化背景下，政府支出对市场流动性的影响也不仅限于国内市场。国际资本流动和跨国投资在现代金融体系中扮演着重要角色。政府支出的增加可能会通过改变国内经济形势，进而影响国际资本流动。当国内市场的资金流动性增加时，可能会吸引外资流入，这会进一步促进国内市场的资本流动性提升。此外，政府在通过支出促进某些行业或项目发展时，可能会带动与国际市场相关的产业链资金流动，进而影响全球资本市场的动态。因此，政府支出不仅对本国市场流动性产生影响，还可能对全球金融市场产生连锁反应。

从历史经验来看，许多国家的财政政策在不同经济周期中的作用各有不同。在经济萎缩时期，政府增加支出往往能够通过提高市场需求和资金流动性来刺激经济复苏。相比之下，在经济扩张时期，政府的支出需要更加谨慎，以避免市场过热和资金的过度流动。政府支出与市场流动性之间的互动关系，不仅与经济周期有关，还受到国内外多种因素的影响，如政治环境、国际经济形势以及金融市场的结构等。因此，政府在制定财政政策时，需要综合考虑这些因素，确保政策的平衡性和灵活性。

政府支出与市场流动性之间有着复杂且紧密的联系。政府通过增加公共投资或社会福利支出，能够直接向市场注入资金，从而提高市场需求和资本市场的活跃度。这些支出通过多种渠道影响金融市场中的资金流动性，不仅对资本市场、货币市场产生直接影响，还可能通过调节资金供求关系、促进产业链资金流动等方式，提高市场的整体流动性。然而，政府支出过度或不当也可能带来市场风险，因此政府在进行财政支出时，需要科学评估市场流动性的变化，确保政策的有效性与可持续性。

（二）税收政策与金融市场的关系

税收政策和金融市场之间存在着密切的互动关系。税收政策作为财政政策的一个重要组成部分，其作用不仅仅限于政府财政收入的调节，还通过直接和间接的渠道对企业和家庭的经济行为产生深远的影响。这些影响不仅能够调节消费、投资等经济活动，还能够通过对金融市场的作用，影响金融市场的稳定性、流动性以及整体发展趋势。因此，税收政策与金融市场之间的关系是一个复杂的、多层次的动态过程，其影响通常是多方面的，且呈现出不同的时间和空间效应。

首先，税收政策通过直接改变税负，影响企业和家庭的经济行为，进而对金融市场产生影响。税负的增加或减少，直接决定了企业和消费者的收入水平、支出水平及投资决策。税收的减免或降低税率，往往能够激发企业的投资热情，鼓励企业增加投资，提升生产能力，进而对经济的各个领域产生积极作用。在税负减轻后，企业可能会把更多的资金投入新产品的研发、设备更新以及扩展生产规模等领域，特别是那些面临市场竞争压力的企业，会更加注重扩大生产规模，以获取更高的市场份额。与此同时，由于税负的减轻，企业在经营上的成本得到有效控制，利润水平有了提高。这不仅使得企业的财务状况更加稳健，也为金融市场提供了更多的资金流动机会，从而推动了资本市场的进一步发展。

其次，对于消费者而言，税收政策的调整同样会产生深远的影响。在税负减轻的情况下，家庭的可支配收入提高，消费潜力得到释放，消费者的购买欲望也会随之增加。例如，减少个人所得税或销售税能够直接提高消费者的收入水平，进而刺激他们对商品和服务的消费。此时，消费需求的上升不仅有助于推动经济增长，还能有效提高国内市场的活跃度。这种需求的提升，进而为金融市场提供了更为有利的环境。第一，消费增加将推动企业的盈利水平提高，股市中的企业股票价格可能随之上涨，金融市场的资金流动性得到进一步增强。第二，消费者在享受税收减免后，其购房、购车等高价值消费支出的增加，往往会对房地产市场、汽车市场等相关领域产生直接的推动作用，这也有助于促进银行贷款业务的增加，进一步推动金融市场的扩张。

税收政策的减免效应不仅仅体现在刺激消费和投资方面，还能够通过调整经济预期，增强市场信心，进一步促进金融市场的发展。当政府通过税收减免政策来刺激经济时，通常会通过一系列的市场宣传和政策解读，传递出对未来经济走势的积极预期。市场参与者在此类政策宣布后，会根据对未来经济增长的预期调整其投资决策。例如，在税收减免的预期下，投资者往往会认为经济前景更加光明，企业的盈利能力提升，股市的表现也会变得更加乐观，股票市场可能会出现上涨行情。这种市场情绪的变化，不仅能提升投资者的信心，还能够吸引更多的资金流入股市，从而进一步推动金融市场的活跃。税收政策的调整对金融市场的影响，也往往是通过预期效应来传递的。税收政策的变化，尤其是税收减免或加税的政策，通常会提前在金融市场上反映出来。这是因为金融市场参与者往往会根据政府政策的变化做出快速反应，提前调整自己的投资策略。例如，当市场预期政府会进行税收改革，或者宣布某些行业将获得税收优惠时，股票市场往往会提前反应，某些相关行业的股票价格可能会在短时间内出现较大的波动。这种提前反应是金融市场中普遍存在的现象，因为市场上的投资者通常会根据税收政策的变化，调整自己的投资组合，以期获得更高的收益。在税收政策公布之前，投资者可能会通过分析相关政策文件、政府表态、媒体报道等多种渠道，提前判断政策的走向，从而影响市场的流动性和价格波动。

再次，税收政策的透明度和可预见性对于金融市场的影响尤为重要。如果政府在税收政策的制定和发布过程中能够做到公开透明，确保政策的信息及时、准确地传递给市场，金融市场通常会在这种透明的环境中更加稳定。投资者能够清晰地了解未来可能出台的政策变化，从而减少市场的不确定性，避免因政策不确定性导致的市场波动。反之，如果税收政策的调整过程不透明，或者政策的变化缺乏清晰的预期，金融市场可能会面临较大的波动。市场参与者在面对这种不确定性时，往往会选择观望或减少风险暴露，从而导致资金流动的停滞和市场的低迷。

最后，税收政策还通过影响利率、通货膨胀等宏观经济因素，间接影响金融市场的稳定性和发展。在税收减免或减税政策的影响下，消费者的消费需求增加，企业的投资意愿增强，可能会带动整体经济的复苏。经济的增长往往意味着更高的货币需求，这可能会对利率产生影响。为了应对经济增长带来的通货膨胀压力，中央银行可能会提高利率以维持通胀率在合理范围内。高利率往往会导致贷款成本上升，进而影响企业和家庭的借款决策，而这又会对金融市场产生反馈效应。随着贷款成本的提高，企业的资金需求可能减少，进而影响银行的贷款发放量和资本市场的融资活动。同时，通货膨胀的压力也会导致投资者对资产价格的预期发生变化，特别是对于长期投资的资产，其未来的收益率可能受到较大的不确定性影响，从而影响债券市场和股市的投资热情。此外，税收政策的变化对金融市场的影响还表现为资本流动的变化。在全球化的背景下，税收政策的变化不仅仅对本国经济产生影响，也可能对国际资本流动产生影响。如果一个国家采取了税收减免或优惠政策，这可能会吸引外国投资者的目光，带动资本的流入。例如，如果政府决定对某些高新技术产业或绿色产业提供税收优惠，外国资本可能会更愿意投资这些领域，从而推动股市和债市的活跃，而对于资本外流的担忧，也往往成为政策制定者在调整税收政策时必须考虑的重要因素。税收政策的变化不仅影响国内企业的融资状况，还可能对外资的流入和流出产生直接的影响。

税收政策通过调整税负，直接影响企业和家庭的经济行为，进而对金融市场产生深刻影响。税收减免往往能够激发投资者的信心，促进经济增长，并带动金融市场的活跃；而税收政策的预期管理和透明度也对市场的稳定性起到至关重要的作用。在实际操作中，税收政策的设计应充分考虑到金融市场的反应机制，并力求在促进经济增长和保障金融市场稳定之间实现平衡。

（三）财政赤字与金融市场的关系

财政赤字与金融市场之间的关系错综复杂，涵盖了债券市场、货币市场以及其他相关市场。财政赤字是指政府年度支出超出其收入的部分，这种赤字通常是由于政府的预算失衡所导致。在财政赤字较大时，政府通常会选择通过发行债券或者借款来弥补这一缺口，从而维持财政的正常运转。然而，财政赤字的扩大对金融市场的影响却是多方面的，尤其是对债券市场和货币市场的波动性和稳定性产生显著影响。在讨论财政赤字对金融市场的影响时，必须从多个角度进行综合分析，以便全面理解其对金融体系的长远影响。

首先，财政赤字与债券市场之间的关系是最为直接和明显的。债券市场，特别是政府债券市场，是政府融资的主要途径之一。为了弥补财政赤字，政府通常通过增加债务的发行量来筹集资金，这也就意味着政府需要在市场上发行更多的债券。政府债券的供应量增加，意味着市场上的债务工具数量上升，这无疑会影响债券市场的供求平衡。当市场上的债务工具供给过多时，投资者的需求可能会发生变化,进而影响债券价格和债券收益率。债券价格与利率之间有着反向关系，当债券供应增加时，债券的价格可能会下降，而其收益率则会上升。这是因为债券市场的投资者通常会要求更高的回报率以补偿额外的债务风险。

尤其当财政赤字过大时，政府债务的持续上升可能会引发市场对政府偿债能力的担忧。投资者会对政府是否能够按时偿还债务产生疑虑，特别是当政府的财政状况没有得到有效控制，且债务持续积累时，市场可能会认为政府的信用风险上升。为了规避这种风险，投资者可能会要求更高的利率以弥补可能的损失，从而推动债券收益率进一步上升。这种情况不仅会对债券市场产生直接影响，还可能波及其他资本市场。随着债券收益率的上升，其他资本市场的资金流动性可能会受到压制，导致股市等其他市场的资金流入减少，形成一种负向的市场循环。

政府通过发行更多的债务融资以应对财政赤字问题，可能会因债务水平的增加而导致投资者信心的下降，从而形成债券市场的动荡。此外，财政赤字对债券市场的影响还不仅仅局限于债务发行量和债务水平的变化，还涉及财政赤字与市场利率之间的动态关系。当财政赤字扩大时，政府通常需要依赖市场资金的支持，而市场资金的供应是通过市场利率来进行调节的。一般来说，债务增加会导致市场利率的上升，这是由于市场对政府债务的需求增加，投资者会要求更高的利率以弥补其可能面临的信用风险和市场不确定性。随着市场利率的上升，融资成本将进一步加大，可能会影响到企业和消费者的借贷成本，进而对经济产生更为广泛的影响。因此，财政赤字通过影响市场利率，从而间接对债券市场以及其他金融市场产生较大的波动性和不确定性。

其次，财政赤字对货币市场的影响也是显著的。财政赤字扩大通常意味着政府需要通过中央银行的支持来进行融资，特别是在一些发展中国家，政府可能会通过向中央银行借款或者印制货币来弥补财政赤字的缺口。财政赤字的货币化通常表现为政府通过央行发行货币来为债务融资提供资金支持。这种做法虽然在短期内能够缓解政府的财务压力，但却会对货币市场和整体经济稳定性产生深远的影响。

财政赤字的货币化会导致市场上的货币供应量增加。当货币供应量增加时，市场上的流动性会变得更加充裕，这可能会导致对通货膨胀的预期升高。特别是在经济增长放缓或者市场信心不足的情况下，货币供应量的增加可能会引发人们对未来物价上涨的担忧，从而推动通货膨胀预期的上升。这种通货膨胀预期的上升，通常会导致投资者对货币的需求减少，从而推高利率。利率的上升反过来又会加大借贷成本，减少企业和消费者的借贷需求，进而抑制经济增长。

最后，货币供应量的增加不仅会提高通货膨胀的预期，还可能导致金融市场的不稳定。货币供应量的过度增加往往会削弱本国货币的价值，导致货币贬值。这种货币贬值会影响到外汇市场的稳定，进而对金融市场产生溢出效应。在一些国家，财政赤字的过度货币化可能会导致外汇市场的波动性加大，投资者可能会因担心货币贬值而选择将资金转移到其他国家或者地区，这将进一步加剧资本外流，从而带来金融市场的不稳定性。另外，财政赤字的货币化往往还会导致中央银行的政策空间受限。央行的货币政策通常是为了维持物价稳定、促进经济增长以及维护金融稳定。然而，当政府通过增加货币供应量来融资时，央行可能会面临两难局面。一方面，如果央行收紧货币政策以应对通货膨胀和货币贬值的压力，可能会导致经济增长放缓，甚至加剧金融市场的不稳定；另一方面，如果央行继续放松货币政策以支持经济增长，那么就可能导致通货膨胀的进一步加剧，进而形成恶性循环。因此，财政赤字与货币政策之间的协同作用，对于金融市场的稳定性和经济的可持续增长至关重要。

值得注意的是，财政赤字和金融市场的关系并非单向的，反而是一个相互作用的过程。在某些情况下，财政赤字的扩大可能是由于金融市场的不稳定所导致的。例如，金融市场的剧烈波动可能会导致政府的税收下降，而政府为了保持社会和经济的稳定，不得不加大财政支出，从而导致财政赤字的扩大。反过来，财政赤字的扩大会引发政府债务的增加，从而加剧金融市场的不稳定。这种双向互动的机制使得财政赤字与金融市场之间的关系更加复杂。

财政赤字对金融市场的影响是多方面且深远的。财政赤字规模大幅增加时，政府通常通过增加债务发行量和货币供应量来弥补财政缺口，这不仅会对债券市场产生直接影响，还会通过利率的变化、信用风险的增加、通货膨胀预期的上升等途径，影响到货币市场及其他金融市场的稳定性。财政赤字的过度依赖货币融资会加剧金融市场的不稳定，增加经济的风险。因此，如何有效控制财政赤字，合理平衡财政支出与收入之间的关系，是确保金融市场稳定和经济可持续发展的关键。

（四）财政政策对金融市场的长远影响

财政政策在金融市场中的作用是深远且复杂的，它不仅仅在短期内对市场的波动产生影响，还对金融市场的结构、资本形成以及风险控制等方面产生了持久的影响。政府通过运用财政政策调控经济，可以有效地应对市场波动，促进金融市场的稳定发展。从金融危机的防范到金融机构的稳定性，再到金融市场监管的优化，财政政策无疑是维系金融市场健康运行的一个重要工具。

政府在制定财政政策时，会通过一系列措施来调控经济，确保市场的稳定运行。例如，通过增加公共支出、减税等方式来刺激经济增长或平衡市场供需关系，这些措施可以在一定程度上缓解金融市场的过度波动，减轻市场的不确定性和风险。在短期内，这些措施可能会直接影响金融市场的波动性，特别是在经济危机或金融风暴的情况下，财政政策可以发挥其重要的调控作用。政府通过向市场注入流动性、减少税收负担、增加公共投资等手段，能够为金融机构提供更多的资本支持，帮助它们应对外部冲击和市场压力，从而避免金融市场的崩溃。例如,在2008年全球金融危机爆发时,各国政府普遍采取了大规模的财政刺激措施。美国政府通过实施刺激计划，包括减税和增加基础设施建设投资，成功地缓解了金融市场的剧烈波动，避免了更加严重的经济衰退。我国政府则通过增加公共投资、减税降费以及金融支持等方式，推动了经济的复苏，并稳定了金融市场的预期。这些财政政策的有效实施不仅为金融市场提供了短期的稳定保障，更为长期的经济增长和金融市场的健康发展打下了基础。

财政政策的稳定性和连续性对金融市场的长远发展尤为重要。长期而言，财政政策通过有效的市场调控，能够为金融市场提供一个良好的发展环境。这种环境能够促进资本的有效配置和金融资源的合理流动，从而推动金融市场的深化和完善。资本市场作为经济的重要组成部分，其稳定和健康的发展不仅依赖于市场的自我调节机制,更需要政府的积极干预和长期支持。政府通过财政政策的引导，不仅能够为金融市场提供足够的资金支持，还能够通过调节税收、监管和社会保障体系等方式，促进资本的有效积累和金融市场的多元化发展。此外，财政政策对金融机构的稳定性也具有深远影响。在金融危机或经济动荡时期，金融机构面临着巨大的风险和压力，尤其是在流动性紧张或市场信心不足的情况下，金融机构可能会面临资本链断裂和倒闭的风险。政府通过实施财政政策，可以向金融机构提供必要的资本支持，帮助其渡过难关。例如，政府可以通过增加公共支出或发放救助资金等方式，确保金融机构的正常运营，避免金融体系的崩溃。同时，财政政策也可以通过优化金融市场的融资环境，促进金融机构的资本形成和风险控制，从而增强其抵御市场风险的能力。

财政政策不仅仅在经济危机期间发挥作用，它还对金融机构的长期稳定性产生着深远影响。政府通过对金融机构的监管和引导，可以有效控制金融市场的风险，避免金融机构过度扩张或过度投机，从而保护金融市场的整体健康。例如，政府通过财政政策提高银行资本充足率，增强银行对风险的承受能力。此外，财政政策还可以通过调控贷款利率、调整税收政策等手段，优化金融机构的经营环境，促进其长期稳健发展。

财政政策对金融市场监管的影响同样重要。随着市场环境的不断变化，金融市场的监管框架也需要不断优化和调整。在长期内，财政政策的调整可能会对金融市场的监管机制产生深远影响。当市场出现新的风险或挑战时，政府可以通过调整财政政策的方向，推动金融监管体系的改革和创新。例如，当金融市场出现过度杠杆、投机行为或金融泡沫时，政府可以通过财政政策调控，推动监管部门加强对金融机构的审查，防止金融风险的积聚。同时，财政政策也可以通过完善税收政策、社会保障制度等手段，促进金融市场的透明化和规范化。

长期来看，财政政策的稳定性和持续性为金融市场的健康运行提供了保障。政府通过实施长期稳定的财政政策，不仅能够促进经济增长，还能够为金融市场提供必要的法律和政策支持。财政政策的有效实施，可以提高市场主体的信心，减少市场的不确定性，推动金融市场的持续发展。在此过程中，政府通过优化金融市场的监管体系、完善金融法律法规等手段，为市场提供更加清晰的运行规则和发展方向，从而促进金融市场的成熟和稳定。

财政政策与金融市场监管之间的关系是双向的。财政政策的调整不仅会影响金融市场的运行状况，还会对金融监管产生深远的影响。政府通过财政政策调整，可以促使监管部门对市场风险进行更为精准的识别和应对。例如，在财政政策的引导下，政府可能会出台一系列新的监管措施，以应对市场的新挑战。通过财政政策的调控，政府能够引导金融市场走向更加规范、健康的发展轨道，避免市场的过度波动和过度投机。长期而言，这种调控和监管的良性互动能够为金融市场的可持续发展提供坚实的基础。此外，财政政策在促进金融市场创新方面也具有重要作用。在长期内，财政政策可以通过税收优惠、政策扶持等方式，鼓励金融市场的创新活动。例如，政府可以通过对金融科技创新的支持，推动新的金融产品和服务的出现，提升金融市场的效率和竞争力。这种创新不仅能够促进资本市场的多元化发展，还能够为市场主体提供更多的融资渠道和投资机会，从而增强市场的活力和稳定性。

财政政策对金融市场的影响不仅仅局限于短期的市场波动，它在长期内对金融市场的结构、资本形成以及风险控制等方面具有重要的作用。政府通过实施有效的财政政策，能够增强金融机构的稳定性，优化金融市场的监管框架，促进金融市场的健康发展。随着市场环境的不断变化，财政政策的调整将不断推动金融市场的创新和完善，为市场的长期稳定提供保障。在这一过程中，政府的财政政策不仅为金融市场提供了必要的资金支持，还通过引导和调控作用，为金融市场的可持续发展打下了坚实的基础。

三、财政政策对金融市场的风险传导机制

财政政策对金融市场的影响不仅体现在宏观经济层面，更通过具体的金融风险传导机制，影响资本流动、投资决策及市场情绪。

（一）资金供求与市场风险

政府的财政政策，特别是政府支出的增加，会直接影响市场的资金供求。在经济衰退时，政府增加支出或减税，有助于提高市场流动性，缓解资金紧张。但在经济过热时，政府如果持续增加支出，则可能导致市场资金过剩，增加金融市场的不稳定性，提高通货膨胀风险。

（二）市场预期与风险溢出效应

财政政策不仅通过实际措施影响金融市场，还通过影响市场预期对市场情绪产生影响。政府对财政政策的变化，如果未能有效传递给市场，可能引发市场的不确定性和波动。此外，财政政策的变化还会通过全球经济互动，影响国际市场，产生风险溢出效应。

财政政策作为政府宏观调控的重要工具，对金融市场具有深远的影响。通过政府支出、税收政策、财政赤字等手段，财政政策不仅影响市场的资金供求、投资者的预期，还能够在短期和长期内，影响金融市场的稳定性和风险控制能力。政府应当根据经济周期的变化，灵活调整财政政策，确保金融市场的健康发展，避免不必要的市场风险。

第二节　税收政策对金融市场稳定性的贡献

在现代化经济体系中，税收政策不仅对财政收入起到至关重要的作用，还直接影响着金融市场的稳定性。税收政策通过影响企业投资决策、消费者消费行为以及资本流动等多个方面，间接或直接地塑造着金融市场的风险态势。税收政策的稳定性和可预测性，尤其在全球化和信息化日益加深的今天，成为促进经济健康发展和金融市场稳定的关键因素。本节将详细探讨税收政策对金融市场稳定性的具体贡献，分析税收政策如何通过促进市场信心、降低市场波动、优化资源配置等方式，促进金融市场的稳定与发展。

一、税收政策的稳定性与金融市场的关系

（一）税收政策的稳定性对市场信心的影响

金融市场的稳定性首先依赖于市场参与者的信心，而税收政策的稳定性和可预测性直接影响着市场参与者对未来经济和市场走势的预期。如果政府能够制定长期、稳定的税收政策，降低政策变动的频率和幅度，将有助于增强投资者的信心，减少由于政策不确定性带来的市场恐慌。相反，频繁的税收政策调整，尤其是针对资本市场和金融机构的政策变化，往往会导致市场情绪的波动，加剧投资者的风险厌恶情绪，进而增加市场的系统性风险。例如，某些国家在经济疲软时可能通过减税政策刺激消费和投资，从而支持经济复苏。然而，如果这些减税措施过于频繁或缺乏连贯性，可能导致市场对政府财政政策的不信任，影响投资者对市场的长期预期，进而对股市、债市等金融市场的稳定产生负面影响。

（二）税收政策对资本流动的影响

税收政策对资本流动的影响也是影响金融市场稳定的重要因素。资本流动是金融市场活跃度的一个重要体现，税收政策通过影响资本的流入与流出，进而影响到金融市场的整体状况。例如，资本利得税的调整可能会影响投资者的投资决

策，从而影响证券市场的稳定。如果资本利得税提高，可能会导致短期内大量资金的撤出，造成股市暴跌，影响市场情绪。如果税收政策给予资本市场足够的支持，提供税收优惠，则可能会吸引更多的外资流入，增强金融市场的活力和稳定性。

（三）税收政策的国际协调与金融市场的全球化

在全球化的背景下，各国金融市场的相互联系愈发紧密，税收政策的国际协调性成为确保全球金融市场稳定的重要因素。跨国公司和国际投资者在进行投资决策时，会考虑到各国税收政策的变化，尤其是与税收相关的双重征税问题和国际税务规划等问题。因此，税收政策的国际协调性能够减少跨国企业和国际投资者的税负压力，促进资本的自由流动，并帮助避免由于税收政策差异带来的金融市场不稳定。例如，欧盟和其他国际组织在税收政策方面的协调与合作，有助于形成一致的税收政策框架，避免不同国家间的不公平税收竞争，进而降低国际市场的税收冲击，增强全球金融市场的稳定性。

二、税收政策对金融市场波动性的缓解作用

（一）税收政策在经济周期中的调节作用

税收政策作为国家宏观经济调控的重要工具之一，能够在不同经济周期中发挥调节作用，缓解金融市场的波动性。通过对税率、税基等进行调整，政府可以影响市场的流动性，进而调节金融市场的波动。在经济衰退时期，减税政策可以刺激消费和投资，增强市场需求，进而平稳金融市场的运行；而在经济过热时期，通过增加税收，政府可以抑制过度的投资和消费，防止资产泡沫的形成，降低金融市场的系统性风险。此外，税收政策对房地产、股市等特定金融市场的调节作用也不可忽视。在经济过热时，通过调整房地产交易税、证券交易税等措施，政府能够有效控制市场过度投机，避免金融市场的大幅波动。例如，我国在2008年全球金融危机后实施的减税政策，帮助企业渡过难关，刺激了消费和投资，避免了经济陷入深度衰退，同时也缓解了金融市场的风险。

（二）税收政策对金融机构稳定性的作用

税收政策对金融机构的影响尤为显著，尤其是在银行业和保险业等金融领域。金融机构往往依赖于税收政策的优惠和支持，以确保其资本充足。通过制定合理

的税收政策，政府可以激励金融机构提高自身的资本储备，降低金融机构的风险暴露，增强其对冲金融危机的能力。例如，某些国家的税收政策通过给予金融机构优惠税率，鼓励其增加贷款和投资，进而促进经济增长和金融市场的稳定。在金融危机时期，政府还可以通过适当的税收减免政策，减轻金融机构的税负压力，确保其资金流动性，帮助其顺利渡过危机。

（三）税收政策在应对金融市场不确定性中的作用

金融市场的不确定性是市场参与者最为关注的风险之一，而税收政策的稳定性、透明度和及时性在缓解这种不确定性中发挥着关键作用。当市场对未来的预期不明时，税收政策作为政府的一个经济工具，能够为市场提供明确的信号，减缓市场的紧张情绪。例如，税收政策的提前公布和预期管理能够帮助市场参与者做好风险预判，提前做出调整，从而减少市场的剧烈波动。

在实际操作中，税收政策与货币政策、财政政策密切配合，形成合力，共同应对金融市场的不确定性。

三、税收政策可促进金融市场长期稳定

（一）税收政策促进产业结构优化

税收政策能够引导资源的合理配置，通过激励高科技、绿色环保等战略性新兴产业的发展，优化经济结构。对金融市场的长期稳定至关重要的是，税收政策能够通过税收优惠、减免等方式，支持创新型企业的成长和产业结构的升级，这不仅增强了产业的竞争力，也为金融市场提供了更为稳定的基础。例如，很多国家通过对高科技企业和绿色企业提供税收减免政策，吸引投资流向这些未来发展的核心产业，从而推动了资本市场的发展，减少了对传统行业的依赖，提升了市场的抗风险能力。

（二）税收政策与金融创新的关系

税收政策与金融创新之间也存在着密切的联系。在金融科技迅速发展的今天，税收政策能够通过鼓励创新、支持创业等手段，促进金融市场的多元化发展。例如，某些国家通过制定创新税收优惠政策，吸引更多的金融科技公司进入市场，促进金融产品和服务的创新，从而提升市场的深度与广度。金融创新的推动，不仅有

助于金融产品的多样化，也增强了金融市场的包容性和稳定性，使市场更加具有抗风险能力。

（三）税收政策对金融监管的促进作用

税收政策的透明性和规范性为金融监管提供了有效的支持。税收政策的制定与执行过程中的透明性，有助于金融监管机构对金融市场的监控和评估，及时发现潜在的金融风险。例如，税收政策能够为金融监管机构提供企业盈利情况、资本流动等方面的信息，帮助监管者进行有效的风险管理和控制。

税收政策不仅是政府实现财政收入的重要手段，更是金融市场稳定的重要保障。通过制定稳定的税收政策，政府能够增强市场参与者的信心，缓解市场的不确定性，减少市场波动，从而促进金融市场的长期稳定。此外，税收政策对金融机构的支持，能够增强金融机构的抗风险能力，提高市场的整体稳定性。因此，税收政策作为金融市场风险控制的重要工具，值得各国政府在制定政策时给予高度重视，并根据市场的变化及时进行调整和优化。

第三节　金融市场稳定与财政税收政策的互动

一、金融市场稳定与经济发展的关系

金融市场稳定是现代经济运行中至关重要的因素之一。金融市场稳定与经济发展之间具有密切的互动关系。金融市场为经济提供了资本流动的渠道，是资金配置的核心平台。在一个稳定的金融市场中，资本能够高效地流动、分配，并通过合理的资源配置促进生产力的发展，推动经济增长。然而，一旦金融市场出现波动或不稳定，资本流动就会受到限制，投资者的信心可能会受到打击，经济增长也会受到严重影响。因此，确保金融市场稳定是政府经济政策中的重要目标之一。

（一）金融市场稳定对经济增长的影响

稳定的金融市场为企业提供了更好的融资渠道，使得资金得以有效配置。在

资本市场活跃的环境下，企业能够获得充足的资金进行创新、扩展业务或进行技术升级，从而促进经济增长，而金融市场的不稳定会导致投资者对市场失去信心，资本市场流动性下降，企业融资困难，从而影响生产活动和经济发展。

（二）经济波动对金融市场的反作用

经济的周期性波动对金融市场的稳定性也具有重要影响。在经济衰退期间，企业盈利下降，消费者需求减少，金融资产价格下跌，银行面临的信用风险加大，金融市场容易出现动荡。相反，在经济扩张期间，企业盈利增加，市场需求旺盛，金融市场表现出较强的活力。因此，金融市场稳定性和经济的宏观环境之间存在着相互作用的关系。

二、财政税收政策在金融市场中的作用

财政税收政策是政府调控经济、实现宏观经济目标的重要工具之一。在促进经济增长、控制通货膨胀、调节收入分配等方面，财政政策发挥着重要作用。财政政策的实施直接影响到金融市场的稳定性，进而影响到经济的健康发展。

（一）财政税收政策与金融市场的相互作用

财政税收政策的主要目标是通过调整政府的支出和税收来平衡经济发展，促进市场稳定。财政税收政策的调整往往通过影响市场的资金流动性来发挥作用。例如，政府通过降低税收负担，可以鼓励企业投资，增加消费，从而推动金融市场的活跃。反之，增税政策可能导致企业和消费者的支出减少，金融市场的需求减弱。

（二）财政税收政策对资本市场的影响

财政税收政策直接影响企业的盈利水平和投资回报率。较高的税收负担会降低企业的盈利空间，从而影响投资者对该企业股票的投资兴趣。尤其是在资本市场，投资者往往根据企业的盈利前景来进行投资决策，因此财政税收政策的调整可能对资本市场产生显著影响。

（三）财政税收政策的宏观调控作用

政府通过财政税收政策来进行宏观调控，能够影响到市场的预期，进而影响金融市场的稳定性。例如，在经济下行时期，政府可能通过增加公共支出、降低

税率等措施来刺激经济，从而防止金融市场的崩溃。在通货膨胀期间，政府可能通过提高税率、减少公共支出来控制市场需求，稳定金融市场。

三、财政税收政策与金融市场稳定的互动机制

财政税收政策与金融市场的稳定性并非孤立存在，而是通过多种渠道和机制相互作用，影响着宏观经济的整体表现。

（一）财政税收政策对金融市场的传导机制

1. 通过影响企业行为传导

财政税收政策对企业的影响是财政政策传导到金融市场的重要途径。财政税收政策的变化直接影响企业的生产决策、投资决策和融资需求。在税收减免政策下，企业的税负降低，盈利水平提升，企业倾向于扩大生产和投资，这将增加金融市场的资本需求，促进市场活跃。在税收增加的情况下，企业成本上升，可能会减少投资，影响资本市场的流动性。

2. 通过影响消费者行为传导

财政税收政策不仅影响企业，也会直接影响消费者的支出行为。财政税收政策的调整往往会改变消费者的收入预期和消费意愿。例如，减税政策可以提升消费者的可支配收入，从而增加消费需求，推动经济增长。反之，增加税负可能减少消费者的可支配收入，从而抑制消费需求，这也会影响金融市场的稳定性。

3. 通过政府支出传导

政府的财政支出政策对金融市场的稳定性也具有直接影响。政府通过增加公共投资、社会福利等支出，能够提高市场需求，稳定经济增长。特别是在金融危机期间，政府通常通过增加支出来刺激经济，防止市场进一步恶化。财政支出不仅可以直接改善市场的资金流动性，还可以通过增强市场信心来稳定金融市场。

（二）金融市场的波动对财政税收政策的反向影响

金融市场的波动对财政税收政策也具有一定的反向影响。在金融市场不稳定的情况下，税收可能会出现波动，进而影响政府的财政收入和支出。

1. 金融市场动荡导致税收下降

当金融市场出现剧烈波动时，股票、债券等金融资产的价格可能大幅波动，

导致企业盈利水平下降，进而影响到税收。例如，金融危机期间，股市下跌，企业利润减少，导致税收大幅下降。此时，政府可能需要调整税收政策，以适应市场变化，保障财政稳定。

2. 市场不稳定影响财政政策实施效果

金融市场的波动还可能使得财政政策的实施效果受到影响。例如，在股市下跌或债务危机中，企业融资困难，消费信心下降，财政政策的刺激效果可能无法完全发挥。因此，政府在制定财政政策时需要考虑到金融市场的稳定性，并根据市场情况灵活调整政策。

（三）财政税收政策与金融监管的协同作用

1. 财政税收政策与金融监管的互补性

财政税收政策和金融监管是实现金融市场稳定的重要手段。财政政策的调整可以通过税收减免、增加公共支出等方式刺激经济，而金融监管则通过规范金融市场行为，防止过度投机、资产泡沫等现象，维护金融市场的秩序。两者相互配合，共同发挥作用，能够有效推动金融市场的稳定性。

2. 协同作用中的挑战与应对

尽管财政政策和金融监管在市场稳定中扮演着重要角色，但两者的协同作用并非没有挑战。例如，在税收政策宽松的情况下，可能会刺激过度的投资和债务扩张，导致金融泡沫形成；而金融监管的过度严格可能会限制市场的流动性，影响经济的活力。因此，如何实现财政税收政策与金融监管的协调，是政府在政策制定中需要面对的重要课题。

四、案例分析：金融危机中的财政税收政策与金融市场的互动

在全球经济的复杂格局中，财政税收政策与金融市场之间的互动关系常常扮演着至关重要的角色。尤其是在金融危机等经济震荡事件中，政府采取的财政税收政策和金融市场的变化之间形成了一种相互作用的局面，直接影响了经济的恢复和稳定。本部分将以 2008 年全球金融危机（以下简称“金融危机”）为例，详细探讨财政税收政策与金融市场在危机中的互动关系。

（一）2008 年全球金融危机中的互动

2008 年全球金融危机是自 20 世纪 30 年代大萧条以来最为严重的一次全球性金融危机。其起源可以追溯到美国房地产市场的崩溃，随后波及全球，导致了大范围的经济衰退。面对这一危机，各国政府迅速反应，采取了一系列的财政刺激政策和货币宽松措施，试图通过财政税收政策和金融市场干预来缓解经济衰退和金融市场的不稳定。

1. 财政刺激政策与税收政策的迅速出台

在 2008 年全球金融危机爆发后，全球多个国家出台了大规模的财政刺激政策。具体来说，财政刺激主要包括政府支出的增加和税收的减免，这些政策旨在通过增加公共投资、刺激消费需求以及减轻企业负担来抵消危机带来的负面影响。例如，在美国，为了应对经济下滑，美国政府推出了《经济刺激法案》，通过增加基础设施建设支出、向民众直接发放现金补助以及减税等方式，旨在刺激需求并促进经济复苏。与此同时，其他国家（如欧洲各国、日本等）也纷纷推出类似的财政刺激政策，集中力量来缓解经济下滑的压力。

税收减免政策同样在各国财政刺激计划中占据了重要位置。通过减税，政府能够直接增加消费者和企业的可支配收入，从而刺激消费和投资。减税政策在短期内能够显著提高经济活力，促进经济增长。

2. 货币政策的协同作用

除了财政政策之外，中央银行的货币政策同样发挥了关键作用。在 2008 年全球金融危机中，各国央行普遍采取了宽松的货币政策，大幅降息并实施量化宽松，旨在通过降低融资成本、增加货币供应量来稳定金融市场。

美国联邦储备系统（美联储）是最早采取量化宽松政策的机构之一，率先降低利率并购买政府债券及其他金融资产，以提高信贷流动性。类似的政策也在欧洲央行、英国央行等央行中得以复制。各央行的这些货币宽松政策有效地缓解了金融市场的紧张情绪，支持了银行体系的稳定，并为经济复苏提供了基础。

3. 财政与金融市场互动中的挑战

尽管财政税收政策和货币政策在短期内有一定的效果，但全球金融市场的波动性仍然持续。金融市场不仅受到国内政策的影响，还受到国际经济形势、投资者情绪等多方面因素的左右。在 2008 年全球金融危机期间，金融市场的剧烈波动给政府政策的实施带来了很大的挑战。

首先，政府的财政刺激措施并未完全消除金融市场的不稳定性。金融市场的波动性常常反映出市场对未来经济前景的预期，而在 2008 年全球金融危机中，投资者的信心严重受挫，导致股市和债市的剧烈波动。例如，美国股市在 2008 年全球金融危机期间曾出现了极为剧烈的跌幅，这不仅直接影响了家庭财富，也削弱了消费和投资的信心。其次，金融危机中的银行危机和信贷紧缩使得财政政策的效果大打折扣。即使政府通过税收减免和基础设施投资来刺激经济，但如果银行系统无法有效地向企业和家庭提供信贷，财政政策的传导效果也将大大减弱。2008 年，美国和欧洲的金融机构在全球金融危机中普遍遭遇了严重的资本短缺，这导致了信贷市场的冻结，进而影响了实体经济的复苏。

4. 全球金融危机中的政策效果与局限性

虽然各国政府采取了积极的财政税收政策，并通过货币宽松措施稳定了金融市场，但 2008 年全球金融危机的深远影响仍然使得全球经济陷入了长期的低迷状态。金融市场的波动与实体经济的低迷相互交织，形成了一个恶性循环，政府政策在短期内的效果受限。此时，财政税收政策和货币政策之间的互动变得更加复杂。财政刺激政策的效果虽然在短期内有所体现，但财政赤字的增加和公共债务的积累也带来了长期的财政压力。这使得各国政府在推动经济复苏的同时，也面临着如何平衡财政可持续性和经济增长之间的难题。

（二）我国的财政税收政策应对

与其他国家不同，我国在 2008 年全球金融危机中的财政税收政策展现出了独特的优势。我国政府采取了积极的财政政策和货币政策来应对危机，成功避免了 2008 年全球金融危机的蔓延，保证了经济的平稳发展。

1. 4 万亿经济刺激计划

2008 年 11 月，我国政府宣布了一项总额为 4 万亿人民币的经济刺激计划，旨在通过加大公共投资来刺激国内经济增长。这一计划主要涉及基础设施建设、住房保障、环保项目以及农业和农村发展等多个领域，目标是通过大量的政府支出拉动内需，促进经济增长。

与其他国家的财政刺激政策不同，我国的 4 万亿经济刺激计划更加注重长远发展，尤其是在基础设施建设方面的投资。通过加大对交通、能源、信息和环保等领域的投资，促进了国内经济的结构调整，并为经济的长期发展奠定了基础。

2. 税收减免与企业扶持

除了直接的财政支出，我国政府还通过税收减免政策来刺激经济。例如，政府降低了企业的税负，特别是对中小企业的税收优惠措施，为企业提供了更多的资金支持。这一措施有效减轻了企业负担，提高了企业的生产积极性。同时，我国政府还通过降低存款准备金率、降低利率等货币政策手段，为企业提供了更为宽松的信贷环境。金融市场的稳定与税收政策的协同作用帮助我国经济在 2008 年全球金融危机期间保持平稳。

3. 金融市场的稳定与政府监管

与其他国家相比，我国的金融市场相对较为封闭，金融体系的稳定性较强。因此，我国的金融市场在 2008 年全球金融危机中受的冲击相对较小。然而，这并不意味着我国可以完全忽视金融市场的监管。在 2008 年全球金融危机中，我国政府加强了对金融市场的监管，防止金融风险的积累。

政府采取了多项措施来加强金融市场的监管，包括加强对银行和资本市场的管理、确保金融机构的资本充足以及加强对影子银行的监管等。通过这些措施，我国成功避免了金融体系的系统性风险，并为经济复苏提供了有力支持。

（三）财政税收政策与金融市场互动的启示

从 2008 年全球金融危机中的案例来看，财政税收政策与金融市场之间的互动是复杂且多维的。政府需要综合考虑财政政策、货币政策和金融监管三者的协调配合，以应对各种经济挑战。以下几点值得深思：

1. 政策的及时性与灵活性

在经济危机发生时，政府政策的及时性和灵活性至关重要。财政税收政策的出台应尽早，并且能够迅速响应市场的变化。例如，在 2008 年全球金融危机初期，各国政府通过大规模的财政刺激计划迅速做出反应，稳定了市场信心。

2. 金融监管的重要性

金融市场的稳定性对于财政税收政策的效果至关重要。在危机中，金融市场的剧烈波动往往会影响到财政政策的传导效果。因此，政府需要加强对金融市场的监管，防止金融风险的蔓延。

3. 长期发展与短期刺激的平衡

在财政税收政策的制定过程中，政府需要兼顾短期刺激和长期发展。短期的财政刺激措施虽然可以缓解经济衰退，但过度依赖短期刺激可能会导致财政赤字和债务问题的加剧。因此，政府应在刺激政策和可持续发展之间找到平衡点，避免财政税收政策带来的负面影响。

第四节　国际财政税收政策比较与借鉴

在全球化背景下，各国面临着财政税收政策和金融风险管理的复杂挑战。随着经济一体化的推进，各国之间的财政政策、税收政策以及金融风险控制的实践互相影响。因此，比较不同国家的财政税收政策，分析其成功经验和失败教训，对于改进国内财政税收政策，优化金融风险控制具有重要意义。本节将重点探讨国际上几个主要经济体的财政税收政策及其风险控制措施，并尝试借鉴其成功经验，为我国财政税收政策的优化提供参考。

一、美国：注重减税与刺激经济增长

美国的财政税收政策在全球范围内有着深远的影响，尤其是在全球经济低迷时，通过调整税制和减税政策，激励经济增长成为美国政府的重要工具。美国税制的独特性及其税收政策的不断调整使得其在全球经济中占据着举足轻重的地位。在美国，税收政策的主要目标之一就是通过减税促进经济的快速增长，特别是在经济面临困境时，减税成为促进消费和投资、拉动经济复苏的重要手段。通过分析美国的税制结构、税收政策以及金融风险控制措施，我们可以深入了解美国如何通过调整税制和减税来刺激经济增长。

（一）税制结构

美国的税制结构具有高度的分散性，税收不仅由联邦政府征收，州政府和地方政府也各自拥有独立的征税权。不同级别的政府根据各自的职能设立了不同的税种，整体构成了一个多层次的税收体系。

1. 联邦税收

美国联邦政府的主要税收来源是个人所得税和企业所得税。个人所得税和企业所得税的税率是联邦税收的重要组成部分。个人所得税采用渐进税率制度，即收入越高，税率越高。企业所得税则根据企业的盈利情况征收相应的税费。美国联邦税收政策的一个显著特点是税率较高，但是通过一系列的税收减免、税收抵免政策，政府鼓励投资、消费和企业创新。

2017 年，美国政府实施了《减税与就业法案》，大幅度降低了联邦企业所得税税率，从 35% 下降至 21%，并简化了税收条款，降低了税制的复杂性。个人所得税方面也进行了调整，降低了税率并增加了标准扣除额。这些减税措施旨在通过减轻企业和个人的税负，促进投资和消费，刺激经济增长。对于企业来说，税率的降低意味着它们能够将更多的资金用于再投资和扩张，而对于个人来说，税率的降低则意味着更多的收入可以用于消费和储蓄。

2. 州和地方税收

除了联邦税收外，美国的各州和地方政府也有独立的税收制度。州政府的主要收入来源包括销售税、房产税、所得税等。例如，美国加利福尼亚州依靠销售税和高收入者的个人所得税来支持州政府财政，而美国得克萨斯州则主要通过销售税和财产税来筹集资金。每个州的税制都不同，且有一定的灵活性，美国允许州政府根据本地经济的具体情况进行税制调整。

在地方政府层面，税收主要包括房地产税、销售税和部分区域性税种。房地产税是许多地方政府的主要财政来源，这也意味着房地产市场的波动会直接影响地方政府的财政收入。在地方税收方面，美国税制普遍采取“按需税制”，即地方政府根据本地的财政需要和社会服务需求来决定税率和税种。

3. 税收激励措施

美国的税制还引入了多项激励措施，以促进特定领域的投资。税收抵免、税收减免等政策是激励措施的主要形式。例如，美国政府对教育、绿色能源等领域的投资给予税收优惠。个人和企业可以通过捐赠或投资绿色能源项目来获得税收抵免，企业也可以通过研发投入获得税收减免。此外，对于低收入群体，美国政府提供了一系列的税收抵免政策，如所得税抵免，以帮助低收入家庭减轻税负并促进社会福利的提高。

（二）金融风险控制

美国的金融体系历经多次重大危机后，逐渐建立了较为健全的金融风险控制体系。特别是 2008 年全球金融危机后，美国对金融市场的监管不断加强，采取了一系列措施以避免类似危机的再次发生。

1.《多德 – 弗兰克法案》与金融监管

2008 年金融危机暴露出美国金融体系中的诸多问题，尤其是金融机构过度风险承担、监管不足和市场透明度差等问题。为了避免类似的金融危机再次发生，美国政府于 2010 年通过了《多德 – 弗兰克华尔街金融改革与消费者保护法》（简称《多德 – 弗兰克法案》)，该法案被认为是美国自大萧条以来最为重要的金融监管改革之一。

《多德 – 弗兰克法案》要求金融机构提高资本充足率，并对金融产品和交易进行更加严格的监管。金融机构必须公开更多的风险信息，以增强市场的透明度，帮助政府及时发现并应对潜在的金融风险。此外，该法案还要求建立金融稳定监督委员会来监控金融系统的稳定性，并为金融危机中的系统性金融机构提供紧急援助，避免其崩溃引发整个金融体系的崩溃。

2. 风险基金与存款保险

美国政府还通过设置风险基金、完善存款保险等手段，增强金融市场的抗风险能力。例如，美国的联邦存款保险公司（FDIC）为存款人提供存款保险，以保障银行倒闭时存款人的资金安全。FDIC 为银行存款提供最高 25 万美元的保险额度，这大大提高了公众对银行体系的信任，减少了银行挤兑的风险。

为了更好地应对金融市场中的系统性风险，美国还设立了不同的风险基金，以帮助金融机构渡过危机时期。例如，政府对大型金融机构设立了“流动性支持基金”，以防止市场流动性枯竭时金融机构无法正常运作。通过这些措施，美国政府在一定程度上增强了金融系统的稳定性，减少了金融市场波动对经济的影响。

3. 政策的灵活性和应对能力

美国的金融风险控制体系具有较强的灵活性，可以根据经济形势的变化做出快速反应。

美联储通过调整利率和购买政府债券来影响市场流动性，降低了银行借贷成本，同时提供了更多的流动性，以确保金融系统的稳定。这种灵活的金融政策在危机时期尤为重要，确保了美国经济能够在困境中快速恢复。

（三）减税与经济增长的相互关系

减税政策作为美国经济增长的一个关键工具，一直以来都是美国政府刺激经济的主要手段之一。通过减税政策，美国政府能够降低企业和个人的税负，激励投资和消费，进而促进经济增长。然而，减税政策的效果并非一成不变，其能否成功刺激经济增长，还受到多种因素的影响。

1. 激励投资与消费

减税政策的最直接影响就是降低税负，释放出更多的资金供企业和个人使用。企业可以将减税带来的资金用于扩大生产、增加研发投入或提升员工薪酬，从而提高生产效率并增强市场竞争力，而个人则可以通过减税增加可支配收入，从而提升消费需求，拉动内需。

美国政府实施的减税政策就是通过降低企业所得税和个人所得税，旨在激励企业增加投资并提升消费者的购买力。研究表明，减税政策能够显著提高企业的投资意愿，尤其是在经济不确定性较高的情况下，企业更倾向于将税收优惠用于投资和扩大生产，从而推动经济增长。

2. 刺激长期经济增长

减税政策的另一个目标是刺激长期经济增长。虽然短期内减税可能会导致财政赤字的增加，但通过激励投资和消费，长期来看，减税有助于提高国家的生产力和创新能力，从而促进长期经济增长。企业通过减税获得更多的资本支持，能够加大研发力度，提升产品和服务的质量，推动科技创新。这种创新不仅能增加企业的市场份额，还能提高整个经济体系的竞争力。

3. 税收政策的可持续性

尽管减税能够在短期内刺激经济增长，但其可持续性却是一个值得关注的问题。过度依赖减税来刺激经济，可能会导致财政赤字的规模大幅增加，增加国家的债务负担。如果税收政策未能产生预期的经济效益，或者短期内过度减税未能有效提升企业投资和消费，可能会加剧经济的不稳定。因此，美国政府在实施减税政策时，往往需要平衡财政收入和支出，确保税收政策的长期可持续性。

二、欧盟：追求财政整合与税收统一

欧盟作为世界上最大的经济体之一，面临着复杂的财政和税收体系问题。欧盟的财政税收政策具有独特的整合性特征，这不仅是其经济一体化进程中的一项重要任务，也是在全球化背景下，确保内部市场竞争公平性、跨国经济活动顺畅进行的重要保障。虽然欧盟成员国在税制和财政政策上各有不同的传统和需求，但通过一系列协调和统一的措施，欧盟逐步形成了一个相对稳定的财政税收框架。这一框架的核心目标是推动成员国间的经济融合，消除财政赤字和税收政策上的壁垒，以便促进区域内的公平竞争和可持续发展。

（一）财政整合：从单一货币到统一财政政策的探索

欧盟的财政整合，首先体现在成员国的财政政策协调上。为了促进经济一体化，欧盟通过一系列协议和法律文件，要求成员国遵守一定的财政纪律，从而避免财政赤字过大和政府债务过高带来的风险。

1.《稳定与增长公约》的出台与实施

欧盟在推动财政整合过程中，最具代表性的文件是《稳定与增长公约》（简称《公约》）。该公约的主要目标是保持欧元区的经济稳定，防止成员国出现过度的财政赤字和债务积累。《公约》规定，欧盟成员国的财政赤字不得超过国内生产总值的3%，政府债务不得超过60%的GDP。通过这些严格的规定，欧盟旨在确保所有成员国在进行财政政策调整时，不会通过过度借贷或债务积累来刺激经济增长，而是通过更加稳健的财政政策来实现可持续发展。

《稳定与增长公约》实施的初期，虽然一些国家对这些规则表示不满，认为它限制了他们在应对经济危机时的灵活性，但随着欧元区经济一体化的加深，这些规则的作用逐渐凸显出来。尤其是在2008年全球金融危机爆发后，欧盟成员国普遍面临着巨大的财政压力，欧盟通过加强公约的执行力度，确保了各国不会因财政失控而引发更大的金融危机。

2. 财政政策协调的挑战与应对

尽管欧盟采取了《稳定与增长公约》这一制度框架，但在实际执行过程中，各国由于历史背景、经济状况和政治环境的不同，财政整合的挑战仍然存在。一些经济较为薄弱的成员国，尤其是南欧国家，如希腊、意大利、西班牙等，常常面临较高的财政赤字和债务水平，导致它们难以完全遵守欧盟的财政纪律。而一些财政状况较好的国家，如德国、荷兰等，则普遍支持更加严格的财政管控。

为了解决这一问题，欧盟逐渐加强了对财政政策的监督，并通过一些灵活的措施使各国能够根据自身的经济状况做出适度调整。例如，欧盟允许在出现特殊经济或金融危机时，成员国可以暂时放宽财政赤字的上限，给予更多的财政政策空间。此外，欧盟还推出了"财政转型机制"，帮助经济薄弱国家进行结构性改革，以提高其经济增长潜力，并确保财政可持续性。

（二）税收政策协调：减少税收竞争，保障公平性

税收政策协调是欧盟财政整合的另一个重要方面。尽管欧盟成员国有各自独立的税收体系，但为了促进单一市场的建设，欧盟在税收领域采取了多项协调措施，力求减少税制差异，防止跨境税收竞争，确保市场公平性。

1. 增值税统一与最低税率规定

增值税是欧盟内部统一的主要税种之一。欧盟要求所有成员国实行增值税，并设定了统一的最低税率标准。根据欧盟的规定，所有成员国的增值税率必须高于某一最低限度，同时，成员国可以在此基础上设定自己的标准税率。通过这一方式，欧盟减少了成员国之间在增值税政策上的差异，促进了跨境贸易和经济活动的公平竞争。

然而，增值税政策的统一并非一蹴而就。在实际执行过程中，一些成员国由于自身经济发展水平和产业结构的不同，对增值税税率有不同的需求。例如，一些经济较为发达的国家，通常设定较高的增值税税率，而一些经济较为薄弱的国家，则倾向于设置较低的税率以减轻企业和消费者的负担。为了解决这一问题，欧盟设立了一个统一的增值税政策框架，并通过定期评估、修订税率的最低标准来保证公平性和一致性。

2. 跨国公司税收问题：反避税措施的实施

随着全球化的发展，跨国公司日益成为欧盟内部市场的重要组成部分。然而，由于各国税制差异，跨国公司往往通过跨境税收优化策略，减少其在某些高税率国家的税负，从而降低其整体税收支出。这一现象不仅削弱了欧盟成员国的税收基础，也影响了欧盟的财政稳定。

为应对这一问题，欧盟采取了一系列反避税措施，主要通过在跨国公司税收方面进行统一规范来遏制税收漏洞。例如，欧盟实施了“反税收避难所”政策，要求跨国公司提供透明的税务报告，揭示其全球税收情况。这一措施不仅增加了税收透明度，也减少了跨国公司通过税收优化手段规避税收的机会。此外，欧盟还通过推行“数字服务税”政策，对跨境电子商务和数字化经济领域的税收问题进行了规范，确保这些行业的税收能够被公平征收，避免税基的流失。

3. 跨境电子商务与数字经济的税收协调

随着科技的进步，跨境电子商务和数字经济的快速发展，给传统税收体系带来了前所未有的挑战。欧盟在这一领域进行了积极的税收协调，力求确保数字经济领域的税收能够公平分配。通过在欧盟内部统一制定电子商务税收政策，欧盟有效减少了不同国家之间在税制上的不一致性，同时为新兴的数字经济提供了更加稳定的税收环境。

（三）财政与税收整合的挑战与前景

尽管欧盟在财政整合与税收统一方面取得了一定的成效，但也面临着不小的挑战。随着全球化的进一步发展，尤其是科技革命带来的新经济形态，欧盟在维持成员国之间的财政税收协调方面，仍需应对不断变化的经济环境。

1. 财政整合面临的困难

欧盟财政整合的最大难题之一是成员国经济发展水平的不平衡。在财政政策上，经济发达国家与经济较弱国家之间的差距较大，这使得成员国在执行统一的财政纪律时，面临较大的政策冲突。如何平衡财政整合的要求与各国经济现实之间的矛盾，仍是欧盟需要解决的核心问题。

2. 税收统一中的多元化问题

在税收政策协调方面，欧盟虽已实施了许多统一措施，但各国的税收制度依然存在很大差异。如何在确保税收公平性的同时，允许各国根据自身国情调整税制，将是欧盟未来税收政策发展的一个重要方向。

欧盟在推动财政整合与税收统一方面，取得了显著的成效。通过《稳定与增长公约》的实施、增值税政策的统一、反避税措施的推广等一系列举措，欧盟在促进成员国经济一体化的同时，也确保了市场的公平竞争和财政收入的稳定。然而，随着全球化的深入发展，欧盟面临的财政税收挑战也日益增多。在未来，如何应对新的经济形态、如何处理成员国之间的差异，依然是欧盟财政税收政策需要解决的重要问题。

三、俄罗斯：强调税制改革与财政稳定

俄罗斯作为世界上面积最大、资源最丰富的国家之一，其财政税收政策在支持经济发展、增强社会福利和促进国家稳定方面发挥着至关重要的作用。俄罗斯的税收体系以简洁高效为目标，力求在保障国家财政收入的同时，推动经济增长与社会公平。近年来，俄罗斯在推动税制改革与优化财政政策方面进行了多方面的探索与实践，既面临着内部经济结构调整的挑战，也应对着国际经济形势的复杂变化。通过深入分析俄罗斯的财政税收政策及其改革措施，可以为其他国家的政策制定提供有益的经验与借鉴。

（一）财政政策：追求财政稳定与经济可持续发展

俄罗斯的财政政策侧重于保持财政收入的稳定增长，同时努力降低对外部经济波动的依赖。俄罗斯政府在应对全球经济不确定性和资源价格波动时，采取了多项措施保障财政的稳健运行，并通过一系列财政政策改革以增强经济的内生增长动力。

1. 预算管理的强化

俄罗斯总统普京于 2024 年 12 月 1 日签署 2025 年至 2027 年联邦预算法律，规定了 2025 年至 2027 年俄罗斯联邦预算的收入、支出及赤字等参数，旨在确保财政的可持续性和稳定性，体现了俄罗斯政府在控制财政稳定方面的努力。

2. 资源依赖性经济的财政挑战与应对

由于俄罗斯经济对能源出口的高度依赖，其财政政策仍面临着严峻的挑战。全球石油价格的波动直接影响国家财政收入，而俄罗斯经济长期依赖石油和天然气产业的结构性问题，导致国家财政在某些时期难以维持平衡。

为了减少这种对资源的依赖，俄罗斯政府近年来逐步推动经济多元化与产业升级，尤其加强了高技术产业、农业及服务业的政策支持。此外，俄罗斯还通过设立“财政储备基金”来应对石油价格大幅波动的风险，确保国家在经济低迷时期可以调动足够的财政资源进行市场调节与支持。

（二）税制改革：简化税制，推动公平税收

税制改革一直是俄罗斯财政改革的重要内容之一，改革的目标是简化税制、提高税收透明度、促进税收公平，并进一步优化税务管理体制。俄罗斯的税收改革在保持财政收入稳定的同时，力求避免税收政策对中小企业和低收入群体产生过大负担，同时确保高收入群体与跨国企业能够公平纳税。

1. 统一的个人所得税与公司所得税

俄罗斯近年来实施了一项简化税制的重大举措，即统一的个人所得税制度。俄罗斯实施了单一税率的“平税制”政策，即所有个人所得税按 13% 的税率统一征收。该税率适用于所有收入群体，减少了复杂的税务管理程序，并有效降低了税收征收成本。这一制度的实施，不仅降低了税制的复杂性，还帮助国家提高了税务合规率和税收征收效率。

对于公司所得税，俄罗斯则采取了类似的简化措施。公司所得税税率为20%，并且通过优化税收优惠政策，推动企业投资创新与科技发展。这一政策提高了企业税负的透明度与公平性，并通过优惠政策支持国内企业在全球市场中的竞争力。

2. 增值税与资源税的调整

作为俄罗斯税收体系中的主要税种，增值税与资源税的调整是政府税制改革的重点。俄罗斯对增值税的税率进行了多次调整，旨在减少税负对消费市场的影响，并确保税收的稳定增长。目前，俄罗斯的标准增值税税率为 20%，并针对特定商品或服务提供税率减免。与此同时，俄罗斯政府还加强了对增值税政策执行的监管力度，确保大企业与跨国公司能够按规定缴纳税款。

在资源税方面，俄罗斯针对石油、天然气等自然资源的开采和出口实施了一系列调整措施。由于俄罗斯对能源出口的依赖程度较高，政府在调整资源税政策时，注重平衡资源开发的激励机制与国家财政收入的保障。为了确保资源税的公平性，俄罗斯加强了资源税的透明度和税务管理力度，同时加大了对非法资源开采的打击力度。

（三）跨国税收合作：应对全球税收挑战

随着全球化的加速，跨国税收问题日益突出，尤其是跨国公司通过税收优化手段逃避税负，导致各国税收基础的削弱。俄罗斯在面对这一问题时，积极加强与国际税务机构的合作，推动全球税收公平与透明。

1. 反避税与税务透明度

俄罗斯近年来加强了对跨国公司避税行为的打击，特别是在反避税措施的实施上取得了一定成效。俄罗斯政府与欧盟、OECD 等国际组织展开了密切合作，推动全球范围内的税务透明度提高。俄罗斯加强了税收信息交换机制，确保跨国公司在俄罗斯境内的税务报告更加清晰与透明，减少了跨境逃税行为的发生。

2. 数字经济税收的应对措施

随着数字经济的快速发展，传统税收体系面临着前所未有的挑战。俄罗斯政府采取了一系列政策，确保数字经济领域的税收能够得到公平征收。俄罗斯在税收政策中引入了针对数字服务的特殊税率，并与国际合作伙伴共同探讨数字经济领域的全球税收标准。这些措施有效确保了数字经济的税收分配更加公平合理，避免了全球税收基础的流失。

（四）俄罗斯税收与财政政策的未来挑战

尽管俄罗斯在税制改革与财政政策调整方面取得了显著成效，但仍面临许多挑战。如何应对全球经济的不确定性、如何推动产业结构的进一步多元化、如何平衡资源税与非资源税的税收，依然是俄罗斯需要解决的核心问题。

1. 财政收入的多元化

俄罗斯经济长期以来过度依赖能源资源，如何实现财政收入的多元化，减少对单一行业的依赖，是未来政策的重要任务。通过加大高科技产业与创新产业的扶持力度，俄罗斯有望实现经济的转型，并为财政收入来源提供更为稳定的保障。

2. 税制改革的可持续性

随着国际经济形势的变化，俄罗斯的税制改革仍需不断优化。如何在确保税收公平性的同时，推动经济增长，成为俄罗斯税制改革的主要任务。未来，俄罗斯有可能进一步简化税制，减少税负对企业与消费者的压力，同时加强税务监管与国际合作力度，推动全球税收体系的协调与公平。

俄罗斯的财政税收政策在稳健的财政管理、税制简化与国际税收合作等方面取得了显著进展，尤其在减轻企业税负、推动税收透明化方面成效突出。然而，面对全球经济变动和国家经济结构的挑战，俄罗斯仍需持续推进财政政策和税制改革，以应对不断变化的经济环境。

四、中国：财政税收政策的独特实践与挑战

我国的财政税收政策是其经济发展战略的重要组成部分。随着国家经济的逐步增长和改革开放的深化，财政税收政策的调整和创新也在不断推进。我国的税制改革经历了多个阶段，并且面临着许多新的挑战和机遇。尤其是在税收体系的多元化、规范化以及金融风险的防范和控制方面，我国不仅依赖传统的政策工具，也在不断引入创新措施，以促进经济的可持续发展。

（一）税制改革

我国的税制改革始于20世纪80年代，经过多次深化，逐渐形成了今天较为复杂但有效的税收体系。从最初的单一税种征收体系，到多元化税制的逐步建立，再到如今以增值税和所得税为核心的现代税收体系，我国税制改革的发展轨迹可以说是紧随我国经济发展步伐的。特别是在近几年，随着我国经济的不断发展和国际化程度的不断提高，税制改革变得更加公平、透明、高效。

1. 增值税改革

增值税是我国税制中最为重要的税种之一，也是我国税制改革的重点之一。增值税改革的目标是简化税制，降低企业税负，并提高税收透明度和合规性。自2016年5月1日开始，我国实施了增值税“营改增”改革，将原本属于营业税的领域纳入增值税范围，从而大大简化了税制结构，减轻了企业的税负。

这一改革的最大亮点在于，不仅降低了小微企业和初创企业的税负，还加强了税收的透明度和征收的公平性。通过简化税制，企业的财务管理也变得更加规范，税务风险也相应减少。对于政府来说，增值税的改革不仅提高了税收的效率，也为后续的其他税制改革提供了经验和基础。近年来，增值税改革也在不断深化。例如，2021 年实施的增值税优惠政策进一步减轻了特定行业（如制造业、服务业等）的税收负担，这有助于推动产业升级与高质量发展。此外，我国还加强了增值税发票管理力度，通过电子发票等技术手段，进一步提升了税收的合规性和透明度。

2. 所得税改革

所得税改革是我国税制改革的另一个重要方向。与增值税改革类似，所得税改革的目标也是减轻税负，促进经济的健康发展。我国的所得税体系由企业所得税和个人所得税构成，改革的重点主要体现在税率调整、税基扩展以及税收征管的现代化。

对于企业所得税，2019 年我国政府出台了减税政策，将企业所得税的适用税率降低到 25%，并通过增值税、企业所得税的配合，进一步减轻了企业的税收负担，特别是对中小企业和创新型企业的扶持力度更大。与此同时，我国还加大了对企业税收合规的要求，强化了税务机关对企业税收征管的力度，尤其是在跨国企业和外资企业的税收管理上，推动了全球税收治理体系的完善。

在个人所得税方面，改革则重点体现在个税起征点的提高、税率的调整以及税前扣除项目的增多。2018 年 1 月 1 日实施的个税改革，将起征点提高到 5000 元，并且实施了综合所得税制，进一步缓解了中低收入群体的税收负担。除此之外，我国还进一步扩大了个税专项附加扣除范围，增加了教育、住房贷款、赡养老人等方面的扣除项目，进一步减轻了家庭的税负。

3. 国际税收合作

随着“一带一路”倡议的推进，我国在国际税收合作方面也取得了一定进展。在全球化和国际税收治理日益重要的今天，我国通过加强与其他国家的税收协定力度，推动了全球税收制度的透明化和规范化。特别是与一些税收避难所国家签署的税务协议，进一步打击了国际税务避税行为。

我国在国际税收合作中的积极参与，不仅有助于推动全球税收治理体系的建设，也有助于改善我国企业在海外的税务管理。通过与各国税务机关的合作，我国企业可以更好地规避税务风险，减少跨国经营中的税收争议。

4. 税制改革的挑战

尽管我国的税制改革取得了一定成效，但在实施过程中仍然面临着许多挑战。首先，税收政策的落地与执行存在一定难度，特别是在地方政府和企业之间的利益博弈中，如何平衡税收政策的公平性和激励性仍然是一个难题。其次，随着全球化的推进，跨国企业和资金的流动性加大，如何在国际税收合作中充分保障我国税收利益，防范外资企业的避税行为，仍然是税制改革亟待解决的问题。

（二）金融风险控制

我国的金融风险控制一直是国家经济稳定的关键所在。近年来，随着经济增长模式的转型和金融市场的逐步开放，我国金融市场面临的风险日益增大。为了有效应对这些风险，我国政府实施了一系列政策措施，旨在加强金融监管力度，提升金融体系的抗风险能力，并推动金融机构和企业增强风险管理能力。

1. 金融监管的强化

我国的金融监管体系经历了从宽松到严格的转变。自 2008 年全球金融危机以来，我国加强了对金融市场的监管力度，特别是对金融机构的风险防范。我国央行和银保监会等监管机构通过强化对金融机构的资本充足率要求、加强对金融产品的合规监管、建立金融风险预警机制等手段，有效地提高了金融系统的抗风险能力。例如，央行在加强货币政策调控的同时，也通过定期对商业银行进行压力测试，确保其在面对潜在金融风险时能够保持稳定。同时，银保监会加强了对保险、证券等金融行业的监管力度，遏制了金融市场的过度投机行为，降低了金融泡沫的风险。

2. 金融科技的应用

近年来，金融科技在我国得到了广泛应用，为金融风险控制提供了新的工具。通过大数据、人工智能、区块链等技术的引入，金融监管部门可以更加准确地预测金融风险，提前做出干预。此外，金融科技的发展也使得金融市场更加透明，金融产品和服务的合规性得到了加强。例如，互联网金融平台通过大数据分析能够实时监控投资者的信用状况，帮助银行等金融机构评估贷款风险。同时，通过区块链技术，金融交易的透明度得到了提高，减少了金融欺诈和信息不对称的现象。

3. 货币政策与外汇政策

我国的货币政策和外汇政策是金融风险控制的重要工具。中国人民银行通过调整利率、存款准备金率等手段，调控市场流动性，防范通货膨胀和金融风险。特别是在资本市场开放和人民币国际化的过程中，我国央行加强了对外汇市场的监管力度，防范资本外流对金融稳定的影响。此外，央行还通过外汇储备管理和货币政策的调整，稳定人民币汇率，防止外汇市场的剧烈波动对经济产生不利影响。

4. 金融风险防范面临的挑战

尽管我国在金融风险控制方面取得了一定进展，但随着市场开放程度的加深和金融创新的不断推进，金融风险的防范仍面临许多挑战。首先，金融市场的复杂性日益增加，金融产品和交易形式的多样化使得金融风险难以预见。其次，随着国际资本流动的加速，我国的金融市场与全球经济紧密相连，如何应对外部金融市场波动对国内经济的影响，仍是我国金融监管需要解决的问题。

五、借鉴与启示

通过对美国、欧盟、日本和中国等国家和地区财政税收政策的比较，可以得出以下几点借鉴和启示。

（一）政策的灵活性与适应性

各国的财政税收政策在不同的发展阶段采取了不同的措施，这一点尤为重要。我国应根据国内经济发展的具体情况，制定灵活的财政税收政策，并适时调整，以应对经济周期的变化。

（二）加强财政税收政策的协调与整合

特别是在全球化背景下，各国财政政策日益相互关联。因此，加强国内各地区财政税收政策的协调，以及与国际上其他国家税收政策的整合，具有重要意义。

（三）注重社会保障与税收的结合

比如日本，随着社会老龄化问题的加剧，其税收政策必须与社会保障体系紧密结合，以确保税收能够支撑不断增长的社会保障支出。

（四）金融风险管理的国际化视角

金融市场的风险日益全球化，单纯依靠国内政策已难以应对复杂的全球金融风险。因此，借鉴其他国家在金融监管和风险控制方面的经验，提升我国金融风险防控能力，是未来发展的重要方向。

国际财政税收政策的比较与借鉴为我国财政税收制度的完善和金融风险控制提供了宝贵的经验。在全球化日益加深的今天，各国的财政税收政策都面临着相似的挑战，同时也有各自的特色和优势。通过对这些政策的深入分析和借鉴，能够帮助我国进一步优化税制结构，提升财政政策的调控效能，同时增强金融系统的稳定性，为经济的持续健康发展提供保障。

第三章　金融风险识别与评估技术

第一节　金融风险识别的方法

在现代金融体系中，金融风险控制是一个至关重要的课题。金融风险的存在和扩大对经济稳定、社会发展以及企业的生存和发展都有着深远的影响。为了有效地应对和管理金融风险，首先需要对金融风险进行全面、准确的识别。金融风险识别是金融风险管理的首要步骤，它为后续的风险评估、控制和缓解措施提供了基础。金融风险的识别方法多种多样，从传统的定量方法到现代的人工智能技术，不同的金融机构和专家在实践中不断探索和创新，以期达到更高效、更准确的风险识别。

一、金融风险的定义与种类

金融风险是指由于金融市场、金融工具或金融制度的不确定性，导致金融资产的预期收益未能实现或出现亏损的可能性。根据不同的分类标准，金融风险可以分为不同的类型，其中最常见的包括信用风险、市场风险、流动性风险、操作风险以及法律风险等。

（一）信用风险

信用风险是指债务方未能按期履行合同约定的义务，导致债权人遭受损失的风险。信用风险的来源多种多样，常见的如企业违约、政府债务违约以及银行等金融机构的贷款违约等。信用风险的识别需要重点关注借款人的信用状况、还款能力以及经济环境的变化。

（二）市场风险

市场风险是由于市场价格或利率等变动因素引起的，可能导致金融资产损失的风险。市场风险通常由股市波动、汇率变化、利率变动等因素引起。识别市场风险需要深入分析金融市场的动向、宏观经济形势以及相关政策的变化。

（三）流动性风险

流动性风险指的是由于资金流动性不足，导致无法按时满足支付义务的风险。对于银行和其他金融机构来说，流动性风险可能会在其现金流不畅的情况下导致其违约或破产。因此，流动性风险的识别不仅需要分析短期资金的供需关系，还需要评估市场的流动性状况。

（四）操作风险

操作风险是指由于操作过程中出现失误、技术故障、员工失误或其他因素导致的金融损失。操作风险的识别往往依赖于对内部控制、员工行为和技术系统的全面监控。

（五）法律风险

法律风险是指法律环境的不确定性或不完善的法律体系带来的风险。尤其是在跨国金融交易中，法律风险可能由于不同国家法律体系的差异而加剧。因此，法律风险的识别不仅涉及对法律条文的分析，还需要关注法律解释和司法实践的变化。

二、金融风险识别的传统方法

金融风险识别的传统方法多以定量分析为主，依赖于历史数据、统计模型和专家判断。虽然这些方法在一定程度上可以识别出金融风险的存在，但它们也存在一些局限性，如无法完全预测突发事件、忽略市场情绪的变化等。

（一）历史数据分析法

历史数据分析法是金融风险识别中最常见的一种方法，它通过收集和分析历史数据，来预测未来风险的可能性。它通过对金融资产、市场指标、宏观经济数据等多种数据的回溯分析，可以识别出潜在的风险因素。例如，通过历史股市数据的波动性分析，判断市场可能的风险水平。历史数据分析法的优点是数据来源丰富、易于操作，其缺点在于过于依赖过去的数据，可能忽略未来潜在的新兴风险。

（二）定量风险模型法

定量风险模型法是一种利用数学模型对风险进行量化分析的方式。最常见的定量风险模型包括 VaR 模型、CVaR 模型等。定量风险模型法的优点是能为金融机构提供量化的数据支持，有助于对风险的量化管理，缺点是它忽视了极端事件的发生，例如 2008 年全球金融危机中的系统性风险。

（三）情景分析法

情景分析法是通过构建不同的经济情景或市场情景，分析不同情景下金融风险的表现。这种方法不仅可以识别金融市场中的潜在风险，还可以帮助金融机构理解在不同情况下风险的变化趋势。情景分析法的优点是能够覆盖更多的市场情况，并可以模拟极端情况下的市场表现，其局限性在于情景构建的合理性以及对未来不可预知事件的应对能力。

三、现代金融风险识别的新兴方法

随着金融市场的复杂化和技术的进步，金融风险识别方法也在不断创新。现代风险识别方法更多地依赖于大数据分析、人工智能与机器学习、区块链技术等新兴技术。这些技术能够更好地适应快速变化的市场环境，识别出传统方法难以察觉的潜在风险。

（一）大数据分析法

大数据分析法是指利用大规模、多维度的数据，通过数据挖掘、统计分析等技术，识别和预测金融风险。大数据分析能够整合来自多个领域的数据，如社交媒体、新闻报道、消费者行为、股市动态等，从而为金融机构提供全面的风险预警系统。例如，通过分析社交媒体上的公众情绪，金融机构可以提前识别市场的潜在波动。大数据分析法的优势在于数据量大、信息丰富，但其缺点在于数据处理和分析的复杂性以及对数据质量的影响。

（二）人工智能与机器学习法

人工智能和机器学习技术的应用使得金融风险识别更加智能化。通过训练机器学习模型，金融机构可以识别出历史数据中不容易察觉的风险模式。比如，利用机器学习技术可以对贷款违约的风险进行预测，通过对借款人的行为和信用历史进行学习，模型可以准确地识别出高风险客户。人工智能的优势在于其能够快速处理大量数据，发现潜在的风险关联性，并为决策提供高效支持，但挑战在于模型的复杂性以及如何确保模型的可解释性。

（三）区块链技术法

区块链技术作为一种去中心化、不可篡改的分布式账本技术，在金融风险识别中的应用逐渐受到关注。区块链能够提高金融交易的透明度和可追溯性，帮助金融机构识别和防范信用风险、操作风险等。例如，通过区块链记录所有的交易信息，金融机构可以及时发现不正当交易和潜在的风险隐患。区块链技术的优势在于其透明性和安全性，其缺点在于技术的普及和成熟度仍然不足。

四、金融风险识别中的挑战与发展趋势

尽管现代技术提供了更加精确的金融风险识别手段，但在实际操作中，金融风险识别仍然面临诸多挑战。未来，随着技术的发展和金融市场的演变，金融风险识别的方法将更加多元化，进一步推动金融风险管理的精细化和智能化。

（一）数据质量与隐私问题

在大数据分析和人工智能的应用中，数据质量和隐私问题是一个不可忽视的挑战。金融机构需要确保所使用的数据是准确、全面的，同时还需保护客户的隐私，避免数据泄露和滥用。随着隐私保护法规的不断加强，金融机构在进行数据分析时必须遵循相关法律法规。

（二）系统性风险的识别

传统的风险识别方法往往侧重于单个金融机构或市场的风险，而忽视了整个金融系统的系统性风险。在未来的金融风险识别中，需要更加重视对系统性风险的识别，特别是在全球化背景下，金融市场的相互依存关系可能导致局部风险的蔓延和放大。

（三）跨领域的协作

金融风险的识别不仅仅是金融机构内部的责任，它还需要跨领域的协作与合

作。未来，金融机构、监管部门、科技公司等力量将共同参与对金融风险的识别和防范，共同打造更加健全和稳健的金融体系。

随着技术的进步与市场环境的变化，金融风险识别的方法和工具将不断发展和演变，未来的风险识别将更加精准、高效和智能，成为金融风险管理中不可或缺的环节。

第二节　金融风险评估的指标体系

金融风险评估是对金融体系中各种可能存在的风险进行识别、衡量和分析的过程。随着全球金融市场的不断变化和金融工具的日益复杂化，金融风险的管理和控制变得尤为重要。评估金融风险需要综合运用多种指标体系，以确保对不同种类的风险进行有效监控与管理。本节将详细阐述金融风险评估的指标体系，探讨其理论基础、组成要素及具体应用。

一、金融风险评估指标体系的理论基础

金融风险评估的指标体系建立在金融学、风险管理学及相关学科的理论基础上。为了全面评估金融风险，必须具备系统化的理论支持。以下是几种常见的金融风险评估理论。

（一）现代风险管理理论

现代风险管理理论是指在复杂多变的经济环境中，如何识别、量化、管理和分配风险的综合性理论体系。根据该理论，风险评估不仅限于财务指标，还应考虑市场环境、政策变动、外部冲击等多维度因素。此理论强调对系统性风险的管理，特别是在金融系统的“脆弱性”分析中，如何预见系统性风险的爆发并采取有效的应对措施。

（二）价值风险理论

价值风险理论主要关注金融资产价值的波动性及其对风险暴露的影响。在这

一理论框架下，金融风险的评估核心是资产的价格变动和流动性风险。风险价值模型（VaR）便是基于价值风险理论提出的一个重要工具，它可帮助金融机构评估在一定置信水平下，某一资产或组合的潜在损失。

（三）行为金融学理论

行为金融学理论则强调投资者行为在金融市场中的影响，认为人类决策受心理因素的影响，传统金融学过于理性而忽略了人类决策中的非理性因素。在金融风险评估中，行为金融学理论引入了情绪波动、投资者过度自信、市场羊群效应等因素，为金融风险评估提供了新的视角。

二、金融风险评估指标体系的组成要素

金融风险评估的指标体系是一个多维度、综合性的系统，包含了多种定性和定量的风险指标。根据不同风险类型的特点，指标体系一般包括市场风险、信用风险、流动性风险、操作风险等方面。

（一）市场风险指标

市场风险是指由市场价格波动引起的损失风险，通常包括利率风险、汇率风险、股市风险和商品价格风险。市场风险的评估指标主要包括：

1. 波动率

波动率是市场风险的最常见衡量指标，反映了资产价格的波动幅度。波动率越大，资产价格的不确定性越强，市场风险也越大。通过历史价格数据，我们可以计算出资产的标准差来量化波动率。

2. 价值风险（VaR）

VaR 用于衡量在一定置信水平下，在一定时间内可能面临的最大损失。它被广泛应用于金融风险管理，帮助投资者理解资产组合的潜在风险。

3. 敏感度分析

敏感度分析通过模拟市场价格的变动对资产价值的影响，评估市场价格变动对风险暴露的敏感度。这一方法通常用于对利率风险和汇率风险的评估。

（二）信用风险指标

信用风险是指借款人未能按时偿还本金和利息所带来的损失风险，通常涉及

违约风险。信用风险的评估指标主要包括：

1. 信用评级

信用评级是评估借款人偿还债务能力的核心指标，主要由信用评级机构（如标准普尔、穆迪等）进行。信用评级越低，表示借款人的信用风险越高。

2. 信用违约掉期价差

信用违约掉期（CDS）是一种金融衍生品，用于转移债务违约风险。CDS 价差越大，表明市场对债务违约的担忧程度越高，因此，CDS 价差是信用风险的重要指标。

3. 违约概率

违约概率是评估借款人违约可能性的量化指标。通过对借款人财务状况、历史还款记录等数据的分析，我们可以预测其未来发生违约的概率。

（三）流动性风险指标

流动性风险是指在无法以合理价格迅速买入或卖出资产时所面临的损失风险。流动性风险的评估指标主要包括以下几点。

1. 流动性覆盖率（LCR）

流动性覆盖率是衡量银行或金融机构在短期内是否具备足够流动性以应对突发性资金需求的指标。较高的 LCR 表明机构拥有较强的短期流动性。

2. 流动性风险溢价

流动性风险溢价是指资产的流动性不足时，投资者要求的额外回报率。它反映了市场对流动性风险的定价，通常在市场波动性较大的时期变得更加显著。

3. 市场深度

市场深度是指市场中可交易资产的数量和市场交易量的程度。市场深度越大，表示资产的流动性越强，流动性风险越低。

（四）操作风险指标

操作风险是指人为错误、系统故障或内部控制不当等原因造成的损失。操作风险的评估指标包括以下几点。

1. 系统故障频率

评估金融机构在运营过程中的技术故障、系统崩溃等导致的风险暴露。高频的系统故障通常意味着机构在信息技术系统方面存在较大的操作风险。

2. 内部控制失效

衡量机构在内部控制和风险管理方面的有效性。失效较高表明机构的风险管理体系可能存在漏洞，增加了发生操作风险的可能性。

3. 合规性违约率

操作风险中还包括了因违反法律法规、合规要求所产生的风险。合规性违约率这一指标关注的是金融机构的合规性与监管问题。

三、金融风险评估指标体系的具体应用

金融风险评估指标体系的构建和应用对于金融机构、政府监管机构以及投资者来说具有重要意义。在实际操作中，金融风险评估指标体系可以帮助各方在以下几个方面做出决策：

（一）金融机构风险管理

金融机构（如银行、保险公司、证券公司等）在日常运营中需要通过风险评估指标来确定其风险敞口，并采取相应的风险管理措施。例如，银行可以使用 VaR 来评估其资产组合的市场风险暴露，并根据结果调整资产配置。信用风险评估可以帮助银行识别高风险客户，决定是否提供贷款或设定更高的利率。

（二）政府监管与宏观审慎管理

政府及金融监管机构使用金融风险评估指标来监测金融市场的健康状况，并根据评估结果采取宏观审慎措施。例如，在金融危机爆发前，监管机构可以通过流动性风险评估来预警市场的潜在流动性问题，进而采取流动性支持政策。

（三）投资者风险识别与决策

投资者利用金融风险评估指标来识别潜在的投资风险，做出合理的资产配置决策。例如，投资者可以通过波动率来评估某一资产的市场风险，或者通过信用评级来判断债务工具的信用风险。通过量化风险，投资者可以在不同的市场环境中做出更为理性和稳健的投资决策。

金融风险评估是一个多层次、多维度的系统性过程，需要综合考虑多种风险因素，使用多种风险评估工具和指标体系。通过对市场风险、信用风险、流

动性风险、操作风险等方面的评估，金融机构、投资者和监管者可以更好地识别潜在风险，采取有效的风险控制措施，从而保障金融市场的稳定和经济的持续发展。

第三节　金融风险评估模型

一、金融风险评估模型的概述

（一）金融风险的定义与分类

金融风险是指金融市场和金融机构在金融活动中，受到不确定因素的影响，可能导致损失的风险。金融风险包括但不限于信用风险、市场风险、流动性风险、操作风险、系统性风险等。对于金融机构而言，评估这些风险的大小和变化趋势，能够有效地预测潜在损失，并采取相应的风险管理措施。金融风险评估模型就是在此背景下，为了对这些多维度、多层次的风险因素进行量化、分析、预测和控制而发展起来的工具和方法。

金融风险的种类多种多样，具体分类可以按照不同的标准来进行。例如，按照风险发生的主体来分类，可以将其分为企业风险、市场风险和国家风险；按照风险的表现方式来分类，可以分为信用风险、利率风险、汇率风险、流动性风险、政策风险等；按照风险的来源来划分，还可以分为自然风险、政治风险、技术风险等。

（二）金融风险评估模型的作用

金融风险评估模型不仅仅是理论层面的工具，它在实际的金融管理、政策制定和投资决策中，起着至关重要的作用。首先，它能够帮助金融机构、企业和政府提前预判金融市场中可能出现的各种风险，做到未雨绸缪，避免大规模的金融灾难发生。

其次，通过建立科学、严谨的评估模型，相关决策者可以在不同市场环境下，制定出针对性的风险管理策略。例如，在汇率波动剧烈的情况下，金融机构可以通过建立汇率风险评估模型，及时调整投资策略或采取对冲措施，减少潜在的汇率风险损失。

最后，金融风险评估模型能够为风险监管部门提供定量分析工具，通过模型对金融市场的稳定性进行监测，确保金融市场的健康发展。这对于整个国家经济体的稳步运行也具有重要意义。

二、金融风险评估模型的基本框架

（一）模型的构建过程

金融风险评估模型的构建是一个系统的、复杂的过程，通常涉及以下几个关键步骤：

1. 定义风险类型

模型需要明确所要评估的金融风险类型。这一步骤非常重要，因为不同的风险类型需要采取不同的评估方法和数据来源。例如，信用风险评估模型需要依赖于借款人的信用历史数据，而市场风险评估模型则可能更多依赖于市场波动数据。

2. 收集数据

模型构建的核心在于数据的收集与处理。金融风险评估模型需要大量的历史数据、实时数据以及预测数据。这些数据可以来源于金融市场的交易数据、经济指标数据、企业财务报表、客户信用数据等。确保数据的完整性、准确性和时效性，是构建高质量模型的基础。

3. 选择模型方法

根据不同的风险评估目标，选择合适的数学模型和算法。常见的金融风险评估模型方法包括统计回归分析、蒙特卡罗法、神经网络模型、决策树模型、系统动力学模型等。

4. 模型校验与优化

构建初步模型后，需要对模型的有效性进行检验。通过历史数据的回测，评估模型的预测准确性。如果模型的预测结果与实际情况有较大偏差，则需要调整模型参数，优化模型结构。

5. 风险预警与决策支持

金融风险评估模型的核心作用是为决策提供支持。模型能够根据输入的变量数据，输出潜在的风险水平，并为决策者提供风险预警，帮助他们制定合理的风险防控措施。

（二）模型的评估与优化

金融风险评估模型的评估与优化是整个过程中的关键步骤。即使构建了一个初步的评估模型，如果该模型的评估结果不准确，或无法适应不断变化的金融市场环境，那么这个模型就无法真正发挥其应有的作用。因此，金融风险评估模型的优化需要从以下几个方面进行考虑。

1. 提高预测准确性

一个高效的金融风险评估模型需要具备较强的预测能力。这要求模型能够准确地识别市场变化的规律，避免误判和低估风险。我们可以通过提升数据维度、引入更多的市场因素，或采用更先进的机器学习算法来提升模型的预测能力。

2. 应对复杂的金融环境

现代金融市场的风险具有高度的复杂性和不确定性。风险的来源不仅仅限于单一的经济指标，还包括全球市场的联动效应、政策变化的影响等。因此，在优化模型时，需考虑引入更多的外部因素，建立更为灵活的多因素模型，增强其适应复杂金融环境的能力。

3. 动态调整机制

金融市场是动态变化的，模型的评估方法和风险控制策略也应具备一定的动态调整能力。通过引入实时数据监控系统、调整模型参数等方式，模型能够根据市场的变化进行快速调整，实时反映出市场的最新风险状况。

4. 风险容忍度与模型结果的关联

每个金融机构和投资者对风险的容忍度不同，金融风险评估模型需要在输出结果时考虑到不同风险容忍度的差异，从而提供更加个性化的风险评估结果。为此，我们可以通过引入决策树、模糊逻辑等方法，来进一步完善模型的多元化评估功能。

三、金融风险评估模型的具体应用

金融市场的风险评估是金融机构决策过程中的重要环节，尤其在贷款、投资以及衍生品交易等活动中，精确的风险评估模型可以帮助决策者减少潜在损失，优化资金配置。金融风险评估模型的应用，帮助机构识别、度量和管理风险，进而提高其资产管理能力与盈利水平。

（一）信用风险评估模型

信用风险是指借款人或债务人未能按时履行偿债义务的风险，具体表现为贷款违约或债务违约。信用风险评估模型可以通过分析借款人或投资标的的历史信用信息、财务状况以及其他相关特征，预测其违约的概率。金融机构通常利用这些模型对借款人进行评估，决定是否批准贷款、投资或其他信贷产品。常见的信用风险评估模型包括 Logistic 回归模型、支持向量机（SVM）模型和神经网络模型等。下面将详细分析每种模型的特点及其应用。

1. Logistic 回归模型

Logistic 回归模型是最常用的信用风险评估模型之一，尤其在处理二分类问题时表现突出。其基本原理是通过回归分析，估算借款人违约的概率。在信用风险管理中，Logistic 回归模型被广泛应用于评估借款人是否会违约，通常用来预测贷款人违约的概率。

Logistic 回归模型的优点在于其简单性和可解释性。通过对借款人个人财务状况、信用历史、负债情况等因素进行回归分析，Logistic 回归模型能够生成一个“违约概率”，这个概率表示借款人违约的可能性。该模型的核心在于通过估算的回归系数，将一组独立变量（如收入、资产、负债等）映射到一个二元输出（违约或不违约）。例如，某银行在审批贷款时，可以将借款人的信用评分、收入水平、历史贷款记录、贷款用途等数据作为自变量，通过 Logistic 回归模型计算违约概率。如果该概率超过一定阈值，银行可以拒绝贷款申请或要求更高的贷款利率以弥补风险。

2. 支持向量机模型

支持向量机是一种基于统计学习理论的分类模型，适用于非线性数据的分类和回归分析。SVM 的基本思想是通过寻找一个最优超平面（或决策边界），将不同类别的数据点进行区分。在信用风险评估中，SVM 能够处理大规模、高维度的数据集，能够有效提高违约风险预测的准确性。

SVM 的优点在于其优秀的泛化能力，特别是在数据样本较少且特征空间维度较高时，SVM 能够有效地找到分类边界，防止过拟合问题。在信用风险评估中，SVM 可以利用多个因素（如个人信用评分、收入水平、负债比例等）建立分类模型，并根据借款人或债务人的数据预测其是否可能违约。

SVM 的应用实例可以见于大型银行的信用评估系统。例如，一家银行通过 SVM 模型分析大量的贷款申请数据，得出哪些因素（如收入、负债比例、信用历史）对贷款违约的预测效果最佳，进而优化信贷审批流程，提高贷款违约风险的预测准确性。

3. 神经网络模型

神经网络模型是模仿人脑神经元结构的计算模型，其通过多层网络的反向传播算法来调整权重和偏差，进而处理复杂的非线性关系。神经网络的优势在于能够处理复杂的、非线性的信用风险问题，可以同时考虑多种因素对借款人违约概率的影响，例如收入水平、财务报表、历史信用记录等。

在信用风险评估中，神经网络模型常用于挖掘隐藏在数据背后的复杂规律。它能够通过大量的历史数据进行训练，从而发现哪些因素对借款人违约行为的影响最大。神经网络模型具有较强的适应性，能够不断调整和优化模型参数，以提高预测精度。例如，某信用评估公司可以利用神经网络模型，对借款人过去五年的消费行为、还款记录、财务状况等数据进行训练，建立一个多层神经网络来预测借款人的违约概率。相比传统的线性回归模型，神经网络模型能够更好地捕捉到非线性关系，从而提供更准确的违约风险评估结果。

（二）市场风险评估模型

市场风险评估模型主要用于评估金融资产价格波动带来的风险，通常应用于股票、债券、衍生品等金融工具的投资和交易中。市场风险评估的目的是确定资产组合在某一时间段内可能遭遇的最大损失，从而帮助金融机构进行有效的风险管理。常见的市场风险评估模型包括 VaR 模型、历史模拟法和蒙特卡罗法等。

1. VaR 模型

VaR 是最常用的市场风险评估模型之一，广泛应用于投资组合风险管理。VaR 模型的基本思想是衡量在一定的置信度下，资产组合在一定时间内可能遭遇的最大损失。例如，某投资组合的 VaR 模型为 10% 的置信度下，1 天内最大可能损失为 100 万元，则说明在 1 天内该组合的损失超过 100 万元的概率为 10%。

VaR 模型的优点在于其简单易懂、计算方便。通过历史数据和统计方法，VaR 模型能够帮助金融机构快速评估投资组合的风险水平。它通常用于投资银行、基金公司等金融机构的风险管理系统中，用于量化市场波动对投资组合的影响。

VaR 模型的主要缺点是它无法完全反映极端风险（如黑天鹅事件），即在极端市场情况下，VaR 模型的估计可能会失效。因此，在实际应用中，VaR 模型常常与其他风险评估方法结合使用，以弥补其不足。

2. 历史模拟法

历史模拟法是一种基于历史数据的市场风险评估方法。其基本原理是通过历史市场数据（如股票价格、利率、汇率等）模拟资产价格在不同情境下的变化，并据此预测未来的风险。历史模拟法的优势在于其简单直观，可以直接使用历史数据进行模拟，无须做复杂的假设。

例如，某投资组合的历史模拟法风险评估可能会使用过去一年的日常资产价格变动数据，模拟在未来一段时间内可能出现的市场波动。如果过去一年内该投资组合的有关市场出现过一次 10% 的下跌，那么历史模拟法就会将这一次下跌情况作为未来可能出现的风险之一。然而，历史模拟法也有其局限性，主要是其假设市场将继续沿用历史数据的模式，忽略了市场行为的变化性和突发事件的影响。因此，历史模拟法适合用于短期风险管理，但在长期风险预测中可能表现不佳。

3. 蒙特卡罗法

蒙特卡罗法是一种基于随机抽样的数值计算方法，广泛应用于金融风险评估中。其基本原理是通过模拟大量可能的市场情境，生成一个风险分布，从而评估金融资产或资产组合的风险水平。蒙特卡罗法的优势在于能够处理复杂的、多维度的风险情景，适用于多种金融工具和复杂的投资组合。例如，某投资公司可以通过蒙特卡罗法模拟股票市场、债券市场、外汇市场等多种市场因素的波动，并根据这些波动生成大量可能的情境，进而评估投资组合在不同情境下的最大损失。

蒙特卡罗法的缺点在于计算量大，尤其是在处理高维数据时，计算过程非常复杂，因此对计算资源的需求较高。在实际应用中，蒙特卡罗法通常需要高效的计算机系统和较长的计算时间。

金融风险评估模型在现代金融市场中发挥着至关重要的作用，尤其在信用风险和市场风险管理方面，为金融机构提供了强有力的数据支持和决策依据。信用风险评估模型如 Logistic 回归、SVM 和神经网络等，可以帮助金融机构识别借款人的违约概率，进行有效的贷款审批和投资决策；而市场风险评估模型如 VaR 模型、历史模拟法和蒙特卡罗法，则为金融机构提供了量化市场波动和资产组合风险的工具。

第四节　金融风险评估的实证研究

一、金融风险评估的理论基础

金融风险评估作为现代金融管理中至关重要的一环，是对金融市场中潜在风险进行系统识别、量化和预测的过程。随着全球金融市场的不断发展和金融工具的多样化，金融风险评估不仅成为金融机构管理的核心内容，也是政策制定者和监管者决策的基础。金融风险评估的理论基础主要包括以下几个方面。

（一）金融风险的定义与分类

金融风险通常指的是金融活动中可能造成损失或不确定结果的潜在因素。根据风险的来源和表现形式，金融风险可分为多种类型。常见的金融风险包括市场风险、信用风险、流动性风险、操作风险和法律风险等。

1. 市场风险

市场风险主要源于金融市场价格波动，通常涉及股票价格、债券价格、外汇汇率等资产价格的变化。市场风险本质上是市场供需关系变化导致的价格波动，具有高度的不确定性。

2. 信用风险

信用风险指的是借款方或债务方未能按时偿还本金和利息的风险。这种风险通常与借款方的信用状况、经济环境以及市场流动性密切相关。

3. 流动性风险

流动性风险是指金融市场中某些资产无法迅速变现或转让，导致无法及时获取现金流的风险。

4. 操作风险

操作风险来源于金融机构内部的管理、操作失误或外部环境变化等因素，包括系统故障、人为错误等。

5. 法律风险

法律风险指金融机构在进行金融交易过程中可能面临的法律诉讼或合规问题，通常与监管环境、合同条款等有关。

（二）金融风险评估的目标与方法

金融风险评估的目标是通过定量和定性分析，识别和预测潜在的金融风险，并采取有效的管理措施减少或避免风险的发生。为达到这一目标，金融风险评估采用了多种方法，其中包括定性评估、定量评估和混合评估。

1. 定性评估方法

定性评估方法通常依赖于专家的经验和判断，通过对金融市场、机构的环境和潜在风险进行综合分析，确定风险的类型和可能性。

2. 定量评估方法

定量评估方法则使用数学模型和统计工具对金融数据进行分析，通过对历史数据的回归分析、方差分析等方式，量化风险的程度。常见的定量评估方法包括风险价值、压力测试、模拟分析等。

3. 混合评估方法

混合方法结合了定性与定量分析的优点，既考虑了风险的定性特点，也通过数据分析对其进行量化。

二、金融风险评估的实证研究现状

（一）实证研究的意义与价值

金融风险评估的实证研究，旨在通过实地数据的分析，验证理论模型的有效性，并为金融风险管理提供科学依据。通过对历史数据的回顾与对当前市场情况的分析，实证研究能够更准确地识别出金融风险的根源，进一步优化风险管理策略。实证研究在以下几个方面具有重要意义。

1. 验证理论模型的实用性

理论模型提供了风险评估的框架和方法，而实证研究则能够通过历史数据验证这些模型在实际操作中的有效性。

2. 为金融决策提供支持

通过实证研究，能够为金融机构的决策提供科学依据，帮助其预测未来的风险，优化资本配置和资产管理策略。

3. 推动金融监管政策的改进

实证研究能够揭示金融市场中潜在的风险点和薄弱环节，从而为监管机构制定更加有效的政策提供数据支持。

（二）国内外金融风险评估实证研究的现状

国内外关于金融风险评估的实证研究已经取得了大量的成果，涵盖了市场风险、信用风险、流动性风险等多个领域。国内学者主要集中在对金融机构的风险管理、金融市场波动以及宏观经济因素对金融风险的影响等方面进行研究。国外学者则更注重风险评估的量化模型的构建与验证，以及不同金融工具的风险特征分析。

1. 市场风险的实证研究

许多实证研究集中于市场风险的量化评估。常用的方法包括基于历史数据的 VaR 模型，采用波动率模型（如 GARCH 模型）对市场波动进行预测，以及使用压力测试模型模拟极端市场情景对金融风险的影响。

2. 信用风险的实证研究

在信用风险的评估中，许多研究采用了信用评级模型、违约概率模型等，通过历史违约数据分析，评估债务人违约的可能性，并预测信用风险的发生。

3. 流动性风险的实证研究

流动性风险的实证研究主要集中在如何通过市场深度和市场流动性指标评估流动性风险，并结合实际案例分析流动性危机的发生及其影响。

4. 操作风险的实证研究

操作风险的评估方法较为多样，除了定性评估方法外，一些学者还尝试通过数据挖掘技术，对历史的操作失误、系统故障等数据进行分析，预测操作风险的发生。

三、金融风险评估的实证研究方法

（一）数据收集与分析

实证研究的首要步骤是数据的收集与处理。金融风险评估通常依赖于大量的历史金融数据，包括市场价格数据、债券收益率、宏观经济指标等。通过对这些数据的收集与预处理，研究者可以识别出潜在的风险因素，并进行量化分析。

1. 数据收集

数据来源通常包括金融市场的交易数据、公司财务报表、宏观经济数据、金融产品的历史表现等。

2. 数据预处理

由于金融数据往往具有噪声和异常值，因此在进行实证分析之前，数据预处理至关重要。常见的预处理方法包括数据清洗、去极值处理和缺失值填充等。

（二）风险评估模型的建立

建立风险评估模型是实证研究的核心任务之一。根据不同的风险类型，研究者会选择适合的评估模型进行量化分析。常见的风险评估模型包括：

1. VaR 模型

VaR 模型用于评估特定时间内金融资产可能发生的最大损失，通常使用历史模拟法、蒙特卡罗法或方差－协方差法来计算。

2. GARCH 模型

GARCH 模型用于描述和预测金融资产的波动性，可以帮助评估市场风险中的波动性和极端事件的发生概率。

3. 信用风险模型

信用风险的评估通常使用违约概率模型（如 KMV 模型）、信用评级模型以及信用衍生工具（如 CDS）的价格模型等。

4. 压力测试模型

压力测试模型用于模拟极端经济或市场情景下，金融机构可能遭受的损失。通过模拟不同情景下的市场变动，评估金融机构的风险承受能力。

（三）实证分析的实施

在风险评估模型建立后，研究者需要通过数据分析验证模型的有效性。实证分析通常包括回归分析、协方差分析等统计方法，用以验证模型的预测能力和准确性。

1. 回归分析

通过回归分析，研究者能够揭示金融风险的主要影响因素，并量化这些因素对风险的影响程度。

2. 协方差分析

协方差分析可以帮助研究者理解不同金融资产之间的风险传递效应，尤其是在多元化投资组合中，协方差的计算能够揭示不同资产之间的相关性。

四、金融风险评估的实证研究面临的挑战与未来发展

（一）挑战

尽管金融风险评估的实证研究已经取得了显著进展，但仍面临一些挑战。首先，金融市场的不确定性使得风险预测变得异常复杂。其次，数据的可获取性和质量问题也是实证研究面临的主要困难。金融市场中的数据通常存在噪声和异常波动，如何剔除这些影响，确保模型的可靠性，是一项重要任务。

（二）未来发展

未来的金融风险评估将更多地依赖于大数据、人工智能和机器学习等技术。通过对海量数据的实时分析，能够更加精准地识别和预测金融风险。此外，跨国界的金融风险评估将成为未来研究的重要方向，尤其是在全球化经济环境下，金融市场的风险传染效应日益加剧。

第四章　金融风险分散与对冲策略

第一节　金融风险分散的原理与方法

一、金融风险概述

金融风险是指在金融市场和金融交易中，由于各种不确定因素的影响，导致金融资产的收益无法预期或无法保障，进而对投资者、金融机构或整个金融系统产生负面影响的可能性。它是金融活动中的一个重要问题，关系到经济稳定与可持续发展。金融风险可以来源于不同的领域，包括市场风险、信用风险、操作风险、流动性风险等。

金融风险的管理与分散是现代金融学中的核心问题之一。有效的金融风险分散不仅能减少投资损失，还能提升投资组合的整体收益水平。金融风险分散的原理和方法，是投资者在面对不确定性时做出决策的重要依据。

二、金融风险分散的原理

金融风险分散是投资领域中的一个基本原则，旨在通过合理的资产配置，降低由于单一投资波动带来的整体风险。金融风险分散的原理最早由哈里·马克维茨提出，并通过现代投资组合理论（MPT）得到进一步发展。金融市场的有效市场假说（EMH）则从另一角度阐述了金融风险分散的必要性。本部分将详细探讨金融风险分散的原理，重点分析现代投资组合理论和金融市场有效性假说对风险分散的启示。

（一）现代投资组合理论

现代投资组合理论是由美国经济学家哈里·马克维茨提出的，旨在通过科学的资产配置方式，帮助投资者在给定的风险水平下，最大化预期回报。马克维茨的理论核心在于通过多样化投资降低投资组合的风险，同时实现收益的最大化。该理论的提出，打破了传统“投资单一资产”的局限，揭示了组合投资的巨大潜力。

1. 资产间的相关性

在投资组合中，资产之间的相关性是风险分散的关键。通过将不同性质的资产进行组合，投资者可以利用资产间的低相关性或负相关性，降低整个投资组合的风险。例如，股票市场通常在经济景气时表现良好，而债券市场则可能在经济不景气时表现出反向走势。因此，当股票市场表现不好时，债券市场可能会出现上涨，从而平衡投资组合的总体表现。

资产相关性可以分为正相关、负相关和无关三种类型。若两种资产的相关性为正相关，意味着它们的价格会同时变动，即一方上涨时，另一方也上涨；反之，若为负相关，则表示两者的价格变化方向相反。理想情况下，投资者希望将不相关或负相关的资产进行组合，这样当某一类资产出现不利波动时，另一类资产的良好表现可以有效地对冲风险，降低投资组合的波动性。

2. 风险与收益的平衡

在马克维茨的理论框架下，风险与收益之间的关系是一个权衡过程。投资者的目标通常是获得尽可能高的预期收益，但风险的存在使得投资者必须在收益和风险之间找到一个平衡点。现代投资组合理论通过量化风险和收益，帮助投资者设计最优的投资组合。

风险在这里指的是投资收益的波动性，通常通过标准差或方差来衡量。收益则是投资的预期回报。通过组合不同类型的资产，投资者可以在保持总体风险不变的情况下，优化投资组合的预期收益。马克维茨提出，投资者可以通过对资产配置的调整来达到风险和收益的最优平衡。

在实际操作中，投资者可以通过资产的权重配置来优化投资组合。举例来说，若某个资产的预期收益较高但风险较大，那么投资者可以通过适当降低该资产的权重，并增加一些低风险资产的比例，从而在一定的风险承受范围内，获得最大的收益。

3. 最优组合的选择

根据现代投资组合理论，投资者通过科学分析不同资产的风险与收益，能够构建一个“最优组合”。这个最优组合并非单一资产的选择，而是基于资产之间的相关性和权重分配，寻找出在给定风险水平下，能最大化收益的投资组合。

最优组合的选择是基于均值 – 方差优化模型进行的。在该模型中，投资者会考虑所有可能的投资组合，并选择一个最符合风险 – 收益平衡的组合。这个过程通常需要运用数学模型和计算工具来分析资产的风险、收益和相关性，从而实现最优配置。

（二）金融市场的有效市场假说

金融市场的有效市场假说是由美国经济学家尤金·法马提出的。该假说的核心观点认为，金融市场是“有效”的，即市场价格反映了所有可得信息，投资者无法通过任何形式的市场分析，获得超越市场平均水平的回报。EMH 的提出对金融风险分散的原理提供了不同的视角。

1. 市场效率与风险分散

在有效市场中，所有的信息都已经反映在资产价格中，因此，投资者无法通过市场分析、内幕信息或者技术分析等方式预测资产价格的未来走势。由于市场价格总是处于“公平”的水平，投资者无法通过选股或时机选择等手段超越市场表现。EMH 的观点强调，任何试图在市场中超越市场回报的行为都是徒劳的。

在这样的市场环境下，风险分散的重要性被进一步放大。既然投资者无法通过分析个别资产的未来表现来获得超额回报，那么分散投资便成为降低投资风险的唯一有效手段。通过投资于多个不相关或负相关的资产，投资者可以有效降低单一资产价格波动带来的整体风险。在这种情况下，风险分散成为投资者的核心策略之一。

2. 风险的不可预测性

有效市场假说的另一个重要观点是，市场上的资产价格变化是不可预测的。虽然某些资产可能表现出波动性，但这些波动是由随机因素决定的，不可通过历史数据或分析工具预测。因此，投资者不能依赖对市场的预测来获取超额回报。

在这样的背景下，金融风险的分散变得尤为重要。由于市场是有效的，任何个别资产的未来价格都无法准确预测，投资者无法通过专注于某一类资产来规避风险。相反，投资者应当通过将投资分散到多个资产中，以此降低某一资产波动对整体组合的影响，从而实现风险的降低。

EMH 强调了分散投资的长期有效性。通过投资多种资产，投资者能够平衡不同资产类别的风险，降低投资组合的波动性。正如马克维茨所提出的，通过科学的资产配置和多样化投资，投资者能够在市场中最大限度地减少不确定性带来的风险。

3. 市场反应与风险分散

EMH 进一步指出，市场的反应是迅速且即时的。所有的信息，无论是宏观经济数据、公司财报，还是政治变动，都会迅速被市场吸收并体现在资产价格上。因此，在有效市场中，任何试图通过分析市场信息来超越市场表现的行为都是徒劳的。

对于投资者而言，市场的高效性意味着他们无法通过单一资产的表现来预测市场走势，而应当将注意力集中在如何通过分散投资来降低风险。即便市场中某些资产出现短期波动，投资者仍然可以通过组合中其他资产的表现，抵消部分风险，从而实现风险的有效分散。

（三）金融风险分散的实际应用

在实际的金融投资中，风险分散不仅是理论上的分析工具，更是投资者进行资产配置和组合优化的核心策略之一。无论是传统的股票与债券组合，还是更加复杂的多元化投资组合，风险分散都发挥着至关重要的作用。

1. 资产配置

资产配置是实现金融风险分散的核心手段之一。通过将资金分配到不同类型的资产上，投资者能够降低由于某一资产价格波动带来的风险。例如，股票、债券、房地产、商品等资产类别的风险和收益特征各不相同，将这些资产进行合理配置，可以有效地分散风险。

2. 多元化投资

多元化投资指的是在多个领域、行业和地域进行投资。这种方式能够降低某一行业或地区经济波动对投资组合的影响。例如，某个国家的股市可能由于政治不稳定而表现较差，但其他国家的股市可能相对稳定。通过在不同地区和行业间进行投资，投资者可以有效降低局部风险。

3. 行业与市场轮动

行业和市场轮动是指不同时间段内，不同行业和市场表现不同的现象。通过分析行业和市场的周期性变化，投资者可以动态调整自己的投资组合，实现更好的风险分散。例如，某些行业在经济扩张期间表现较好，而在经济衰退时则表现较差。投资者可以通过在这些行业间进行轮动投资，达到风险分散的效果。

（四）系统性风险与非系统性风险

金融风险分散的过程中，重要的一点是区分系统性风险与非系统性风险。系统性风险是影响整个市场或经济体系的风险，例如利率变化、通货膨胀、政治不稳定等。这类风险无法通过分散投资加以消除，因此无法完全避免。

1. 非系统性风险的分散：非系统性风险是指特定公司或行业的风险，如公司管理不善、行业周期波动等。这类风险可以通过分散投资在多个不同行业或公司的资产来降低。例如，投资者通过购买不同公司的股票或基金，以分散单一公司的风险。

2. 系统性风险的对冲：尽管系统性风险无法通过分散投资完全消除，但投资者可以通过对冲工具（如期货、期权等金融衍生品）来部分规避这些风险。例如，投资者可以使用期货合约对冲利率或汇率风险。

三、金融风险分散的方法

（一）资产配置

资产配置是金融风险分散的基础方法之一，指的是在投资组合中合理配置不同类别的资产，以实现预期的收益与风险平衡。常见的资产类别包括股票、债券、房地产、现金等。合理的资产配置能够帮助投资者降低单一市场波动对整体组合的影响。

1. 战略资产配置

战略资产配置是长期投资策略的一部分，旨在根据投资者的风险承受能力、投资目标以及市场预期，进行长期的资产类别分配。这种方法强调的是在较长时间内，通过分散投资实现稳健的收益增长。

2. 战术资产配置

战术资产配置则更侧重于短期市场动态，根据市场变化及时调整资产配置比例。投资者通过对市场时机的把握，在短期内优化资产结构，从而提高投资组合的收益。

3. 多元化资产配置

多元化资产配置的核心理念是避免将所有资金投入同一资产或市场，而是通过分散投资到多个不同的资产类别中，降低因某一类别资产表现不佳而带来的整体风险。例如，投资者可以将资金同时配置在股票、债券、房地产等中。

（二）行业与地域分散

除了资产类别的分散外，行业与地域分散也是金融风险管理中的重要策略。通过在多个行业和不同地区进行投资，投资者可以有效降低行业或地区特定风险对投资组合的影响。

1. 行业分散

不同行业面临的风险不同，因此，通过投资于多个行业，可以降低由于某个行业表现不佳而导致的风险。例如，投资者可以同时投资科技、金融、消费品等多个行业的股票，降低单一行业风险。

2. 地域分散

地域分散是指将投资组合的资金分配到不同的国家或地区。不同地区的经济周期、政治风险、货币波动等因素可能各自不同，因此，通过地域分散，投资者可以避免因单一国家或地区的风险波动而遭受过大损失。

3. 全球化投资

全球化投资意味着将投资拓展到全球市场，尤其是在新兴市场中寻找投资机会。随着全球经济一体化的发展，全球化投资成为分散风险的重要手段之一。

（三）金融衍生品的应用

金融衍生品，如期货、期权、互换等，已成为金融市场中广泛应用的风险管理工具。通过这些衍生品，投资者可以对冲价格波动，降低潜在损失，尤其是在存在较大市场不确定性时。

1. 期货与期权的对冲作用

期货和期权是最常见的两种衍生品，投资者可以通过买入或卖出期货合约或期权合约来对冲现货市场的风险。例如，期货市场中的商品期货可以帮助投资者规避大宗商品价格波动带来的风险。

2. 金融互换的风险管理

金融互换是一种双方约定交换现金流的金融工具，通常用于管理利率风险、汇率风险等。通过利率互换，投资者可以将浮动利率的贷款转换为固定利率贷款，从而避免利率上升带来的成本压力。

3. 风险的转移与分担

金融衍生品不仅可以帮助投资者管理和分散风险，还可以通过风险转移的方式将风险转移给其他市场参与者。例如，保险公司通过承保风险，转移了个人或企业的潜在损失。

四、金融风险分散的限制与挑战

尽管金融风险分散是有效的风险管理工具，但在实际操作中仍然面临一些限制和挑战。

1. 市场极端事件的影响

金融市场中偶尔会出现极端事件（如 2008 年全球金融危机），这些事件往往影响到整个金融系统，导致传统的风险分散方法失效。极端事件往往具有突发性和不可预测性，投资者在风险分散方面难以做到百分之百的安全。

2. 过度分散的风险

虽然分散投资可以降低风险，但过度分散可能导致投资组合难以达到预期的收益。过度分散会使得投资者的资金分散到过多的资产中，最终可能影响投资组合的整体表现。

3. 信息不对称

信息不对称也可能影响金融风险分散的效果。在某些情况下，投资者可能无法获得足够的、及时的市场信息，从而导致错误的投资决策，进而影响风险分散的效果。

第二节　金融风险对冲的工具与技术

金融风险对冲作为现代金融风险管理中的重要理论之一，旨在通过多样化投资组合和合适的策略降低系统性风险和个别风险对金融系统的影响。本节将从金融风险的基本概念出发，探讨金融风险对冲的概念、工具和策略。

一、金融风险对冲的概念

金融风险对冲是一种风险转移和管理的策略。其核心思想是通过利用特定的金融工具或手段，来降低、转移或消除金融活动中所面临的各种风险，如市场风险、信用风险、汇率风险等，以使投资者或金融机构的资产价值和收益更加稳定。

在金融市场中，投资者和金融机构面临着众多风险。例如，市场风险是指市场价格（如股票价格、债券价格、商品价格等）的波动可能导致资产价值下降或收益减少；信用风险是指交易对手可能无法履行合约义务，导致损失；汇率风险则对跨国企业和投资者影响巨大，汇率的波动可能使其海外资产、负债或收益的价值发生变化。金融风险对冲正是为了应对这些风险而产生的。

从本质上看，金融风险对冲是通过建立与风险头寸相反的头寸来实现风险中性。当市场价格发生不利变化时，对冲头寸的盈利可以弥补原风险头寸的损失，从而达到对冲风险的目的。

二、金融风险对冲的工具

（一）期货合约

1. 基本原理

期货合约是在期货交易所内进行交易的标准化合约，买卖双方同意在未来的特定时间（交割日）以约定价格（期货价格）买入或卖出一定数量的标的资产。

通过在期货市场建立与现货市场相反的头寸，来对冲价格波动风险。

2. 应用示例

假设一家小麦种植户担心小麦价格在收获季节下跌，他可以在期货市场卖出小麦期货合约。如果小麦价格真的下跌，现货市场上的损失就可以通过期货市场上的盈利来弥补；如果小麦价格上涨，虽然期货市场上会有亏损，但在现货市场卖出小麦的收益会增加，整体上降低了价格波动带来的风险。

（二）期权合约

1. 基本原理

期权赋予买方在未来某一特定时间（或一段时间内）以特定价格（行权价格）买入或卖出一定数量标的资产的权利，但买方没有义务去执行这个权利。期权卖方则有义务在买方选择行权时，以行权价格卖出或买入标的资产。通过支付期权费购买期权，可以对冲价格不利变动的风险。

2. 应用示例

一个投资者持有某公司股票，担心股价下跌。他可以购买该股票的看跌期权。如果股价真的下跌，他可以行使看跌期权，以行权价格将股票卖出，避免股价进一步下跌带来的损失；如果股价上涨，他可以放弃看跌期权，损失的只是购买期权支付的期权费。

（三）互换合约

1. 基本原理

互换是指两方根据预先约定的规则，在未来一段时间内交换现金流的合约。常见的互换有利率互换和货币互换。利率互换主要用于对冲利率风险，货币互换主要用于对冲汇率风险。

2. 应用示例

企业 A 和企业 B 进行利率互换。企业 A 有固定利率债务，企业 B 有浮动利率债务。如果企业 A 认为未来利率会上升，而企业 B 认为未来利率会下降。它们可以协商进行利率互换，企业 A 支付固定利率给企业 B，企业 B 支付浮动利率给企业 A。这样，企业 A 就将固定利率债务的利率风险转移给了企业 B，企业 B 也根据自己的预期调整了利率风险暴露。

（四）远期合约

1. 基本原理

远期合约是一种双方约定在未来某一特定日期按照事先确定的价格买卖某种资产的协议。与期货合约相比远期合约是非标准化的，通常在场外交易市场进行。

2. 应用示例

一家进口企业预计在未来需要进口一批原材料，担心汇率波动导致进口成本上升。可以与银行签订远期外汇合约，约定在未来进口时的汇率。这样，无论市场汇率如何变化，企业都可以按照远期合约约定的汇率进行外汇交易，从而锁定进口成本，对冲汇率风险。

（五）信用衍生品

1. 基本原理

信用衍生品主要用于对冲信用风险。其中，信用违约互换（CDS）是最常见的信用衍生品。CDS 的买方向卖方支付一定的费用，当参考债务发生违约等信用事件时，卖方向买方进行赔偿。

2. 应用示例

银行向企业发放了一笔贷款，担心企业可能无法按时偿还贷款本息。银行可以购买该企业的信用违约互换。如果企业发生违约，银行作为 CDS 的买方可以获得卖方的赔偿，从而降低贷款违约带来的损失。

三、金融风险对冲的策略

（一）资产配置对冲策略

通过合理配置不同资产类别（如股票、债券、房地产等）来降低整体投资组合的风险。不同资产类别之间的相关性不同，在市场波动时，一些资产价格上涨，另一些资产价格可能下跌，通过资产配置可以使投资组合的收益更加平稳。

一个投资者将资金的 60% 投资于股票，40% 投资于债券。在股票市场下跌时，债券价格可能保持稳定或上涨，从而对冲了股票资产的损失；而在股票市场上涨时，股票资产的收益又可以在一定程度上弥补债券收益较低的不足。

（二）风险转移策略

将风险转移给其他金融机构或保险公司等。如银行将贷款打包出售给其他金融机构，将信用风险转移出去；企业购买保险，将自然灾害等风险可能导致的损失转移给保险公司。

一家银行发放了大量的住房贷款，为了降低贷款违约带来的信用风险，银行将这些住房贷款打包成证券（如住房抵押贷款支持证券），出售给投资银行或其他投资者。这样，银行就将部分信用风险转移给了购买证券的投资者。

（三）套期保值策略

套期保值是利用期货、期权等金融工具，通过对冲头寸与风险资产头寸的相反操作，来规避市场价格波动风险。套期保值分为买入套期保值和卖出套期保值。

对于计划未来购买某种商品的企业，担心价格上涨，可以采用买入套期保值策略。在期货市场买入相应的期货合约，当价格上涨时，期货市场盈利可以弥补现货市场购买成本的增加；当价格下跌时，虽然期货市场亏损，但现货市场购买成本降低。卖出套期保值则适用于持有某种资产但担心价格下跌的情况，通过在期货市场卖出期货合约来进行对冲。

（四）动态对冲策略

动态对冲是一种根据市场价格变化不断调整对冲头寸的策略。它通常涉及对资产组合的风险暴露进行持续监测，并根据市场波动情况及时调整对冲工具的数量和类型，以保持对冲的有效性。

在期权交易中，由于期权价格对标的资产价格波动比较敏感，且随着标的资产价格和时间的变化，期权的希腊字母也会发生变化。交易员需要不断地调整对冲组合中的标的资产数量、期权头寸等，以维持 delta 中性等对冲状态，实现动态对冲，降低期权交易的风险。

金融风险对冲在现代金融市场中具有重要意义，它帮助投资者和金融机构有效地管理风险，优化资产配置，提高金融市场的稳定性和效率。但同时，对冲工具本身也有一定的成本和风险，需要根据具体情况合理运用，以确保对冲效果并实现稳健的财务目标。

第三节　风险分散与对冲策略的实证分析

一、风险分散的理论基础

风险分散策略是指通过将资产配置在不同类别的金融工具、市场或地区，以减少投资组合整体的风险暴露。在金融领域，风险分散被认为是最基本的风险管理工具之一，其核心思想来源于现代资产组合理论，由哈里·马克维茨提出。风险分散的基本原理是，通过投资多样化的资产，可以有效地降低投资组合的总风险，而不会显著影响预期收益。

（一）风险分散的效用

在没有风险分散的情况下，单一资产的价格波动可能导致巨大的损失。然而，随着投资者将资金分配到不同的资产类别中，某些资产的风险可能会互相抵消，从而降低投资组合的整体风险。例如，股票市场和债券市场往往表现出负相关性，在股市下跌时，债券市场可能会由于避险需求而上涨，反之亦然。因此，投资者可以通过持有多种资产，尤其是负相关或低相关性的资产，来降低波动性，稳定投资回报。

（二）风险分散的局限性

尽管风险分散能够有效降低投资组合的波动性，但它并非万能。首先，市场的整体风险（系统性风险）是无法通过分散化完全消除的。例如，全球经济危机、金融市场崩溃等宏观因素会导致所有资产类别的价格同时下跌，从而使分散化策略失效。其次，随着分散投资资产数量的增加，边际效益会递减。换句话说，当投资组合中的资产类别数目达到一定程度后，进一步增加资产的多样化并不会显著减少风险。因此，合理的资产配置和风险分散是关键。

二、对冲策略的理论基础

与风险分散不同，对冲策略更多地关注如何通过金融工具的组合来消除或减轻特定风险。对冲的基本原则是通过开设与现有头寸相反的头寸，以减少潜在的损失。对冲可以采取不同的形式，最常见的有期货、期权和掉期等金融衍生品。

（一）对冲的类型与应用

1. 价格对冲

通过期货或期权合约，投资者可以锁定未来的价格，避免市场价格波动对其投资组合的影响。例如，一个企业预期未来会进口大量原材料，而该原材料的价格波动较大，可以通过购买期货合约来锁定价格，确保未来的采购成本。

2. 货币对冲

在国际化经营中，企业往往面临货币汇率波动的风险。通过使用外汇期货或外汇掉期等金融工具，企业可以将货币汇率波动带来的风险对冲掉，保障其国际业务的稳定性。

3. 利率对冲

在利率风险管理中，投资者可以通过利率掉期等金融工具，固定未来的借款利率，从而避免利率上升带来的负面影响。例如，某公司发行了浮动利率的债券，而未来的利率走势不确定，可能影响公司债务的偿还成本。通过对冲利率风险，公司能够更好地控制债务成本。

（二）对冲策略的局限性

尽管对冲策略可以有效降低风险，但它也存在一些局限性。首先，对冲成本通常较高，尤其是在使用期权、期货等衍生品时，投资者需要支付一定的费用（如期权的权利金），这可能影响投资的整体回报。其次，对冲策略并非完全保险。在某些情况下，市场情况可能发生剧烈变化，导致对冲策略失效。例如，某些极端事件（如黑天鹅事件）可能导致市场价格变动超出预期，从而使得对冲工具的效果大打折扣。

三、实证分析：风险分散与对冲策略的应用效果

为了进一步探讨风险分散与对冲策略的实际效果，本部分将通过实证分析，考察风险分散和对冲策略在不同市场环境下的表现。通过数据分析，我们可以评估不同资产配置和对冲策略对投资组合风险控制的影响，并对其有效性进行评估。

（一）风险分散的实证分析

1. 数据来源与样本选择

本研究选取了全球主要市场（如美国股市、欧洲股市、亚洲股市）和不同资产类别（如股票、债券、商品等）的历史数据。通过分析这些数据，我们可以探讨在不同市场条件下，资产配置与风险分散之间的关系。

2. 实证结果

通过对比多样化投资组合与单一资产的收益波动性，可以发现，多样化投资组合的波动性显著低于单一资产，特别是在全球市场不确定性较高时，资产配置的多样化能够有效降低投资组合的总风险。在不同市场之间，负相关资产的配置能更好地发挥风险分散的效用。例如，股票和债券之间的负相关性在市场波动时尤为突出。

3. 风险分散的优化

通过对比不同资产配置下的夏普比率，我们发现，适当的资产配置能够显著提高投资组合的风险调整后收益。然而，随着资产种类的增多，边际效益呈现递减趋势，超过一定的资产数目后，进一步的多样化对降低风险的效果逐渐减弱。因此，在资产配置中需要寻找到最佳的分散程度，既能实现有效的风险分散，又不会造成资源的浪费。

（二）对冲策略的实证分析

1. 数据来源与样本选择

通过选择不同行业和地区的企业数据，分析其在市场波动、汇率变动和利率变化下的对冲效果。特别是在宏观经济不确定性较大的时期（如金融危机等），对冲策略的应用效果尤为重要。

2. 实证结果

通过对比不同对冲策略的效果，发现期货、期权等衍生品工具在汇率波动和大宗商品价格波动中的对冲效果较好。具体来说，当汇率波动剧烈时，企业通过货币对冲能够有效控制跨境交易的成本波动，进而稳定利润。在利率波动较大的时期，利率掉期策略能够帮助企业锁定债务成本，避免不确定的利率风险。

3. 对冲策略的成本效益

在实际操作中，虽然对冲能够有效降低风险，但其成本不容忽视。对冲工具的选择与市场时机的把握是成功的关键。例如，某些企业可能由于过于频繁的对冲操作而导致费用过高，影响了整体的收益表现。因此，合理的对冲策略应结合具体的市场环境和企业的风险承受能力，避免盲目操作。

第四节　风险分散与对冲的成本效益分析

一、风险分散与对冲的基本概念

（一）风险分散的概念

风险分散是指通过将投资或资产配置在不同的项目、产品、市场或资产类别上，以减少单一资产风险对整体投资组合的影响。通过多样化投资，投资者可以降低整体风险，避免因为单一资产的表现不佳而导致的损失。这种策略的核心思想在于“不要把所有的鸡蛋放在一个篮子里”，即通过分散投资来降低总体风险。

（二）风险对冲的概念

与风险分散不同，风险对冲是指采取一系列策略或工具，通过建立相反方向的投资组合，来减少潜在损失的策略。对冲不仅可以降低风险，还可以通过平衡不同资产或市场之间的波动来保障投资者的利益。对冲策略通常涉及期货、期权、掉期等金融工具，通过这些衍生工具来锁定收益或减少亏损的可能性。

（三）风险分散与对冲的区别

虽然风险分散和对冲都旨在降低风险，但两者有显著的区别。风险分散侧重于通过不同投资的组合来降低单个投资风险的波动，而风险对冲则通过具体的金融工具或市场策略对冲某些已知的、可控的风险。简单来说，风险分散更多关注组合的多样性，而风险对冲则注重通过对冲工具来减少已有风险的影响。

二、风险分散与对冲的成本效益分析框架

（一）成本效益分析的定义

成本效益分析是评估某一策略或决策的经济效益与所需成本之间关系的工具。在风险管理中，成本效益分析通过对比分散与对冲策略所需的成本与它们所能提供的效益，帮助决策者评估不同风险管理策略的相对优劣。通过这种分析，决策者可以明确各种风险管理方法在控制风险和提高收益方面的优势与劣势，从而选择最适合的策略。

（二）风险分散的成本效益分析

1. 成本分析

投资管理成本：分散投资通常需要在不同市场和资产类别中进行配置，这可能导致管理上的复杂性。投资者需要支付更多的交易费用、管理费用和信息获取费用。

流动性成本：一些分散的资产可能具有较低的流动性，因此在需要变现时可能会面临较高的交易成本和时间成本。

信息和研究成本：为了实现有效的分散投资，投资者需要大量的信息和研究支持，这也需要时间和费用投入。资产配置的复杂性越高，研究和信息获取的成本也就越大。

2. 效益分析

分散投资的主要效益是通过降低总体风险来实现收益稳定性。通过分散，投资者可以减少单一市场或资产的波动对整体投资的影响，从而使整体投资组合的风险更加可控，投资者能够更好地应对市场的波动和不确定性。具体效益如下：

风险降低：分散的投资组合能够显著降低单一资产的风险波动，特别是在市场不确定性较大的情况下。通过多样化投资，整体组合的风险大大降低，投资者可以在风险可控的情况下获得稳定回报。

收益稳定：由于不同资产类别的价格波动不完全相关，分散投资能够平衡不同资产之间的波动，使得投资组合在不同市场环境下保持相对稳定的收益。

通过成本效益分析，投资者可以判断分散投资是否能够在降低风险的同时带

来足够的收益，以覆盖相关的成本。

（三）风险对冲的成本效益分析

1. 成本分析

与分散投资相比，风险对冲的成本相对更为明显。

对冲工具的交易成本：对冲通常依赖于衍生工具（如期货、期权、掉期等），这些工具的交易成本较高。投资者需要支付期权费、期货保证金等费用，增加了投资的整体成本。

对冲策略的复杂性和操作成本：风险对冲需要精确的市场分析和及时的调整，因此对冲策略的实施往往更加复杂和高效。复杂的操作可能导致管理成本和技术支持成本的增加。

对冲效果的限制成本：并非所有的风险都能完全对冲，有时候完全对冲的成本过高，导致对冲策略的效益无法覆盖成本。此外，对冲工具本身的价值也可能因为市场变化而贬值，增加了额外的风险。

2. 效益分析

风险对冲的效益主要体现在其通过减少不确定性来保护投资者免受损失的能力。具体来说，对冲策略的效益包括：

降低损失风险：通过对冲，投资者能够有效限制投资损失的最大值，尤其是在市场波动较大的时期。对冲可以帮助投资者锁定某一价格水平，避免由于市场剧烈波动而导致的重大损失。

提高收益的确定性：通过对冲策略，投资者能够在不确定的市场环境中保持一定的收益水平，减少市场波动带来的影响，从而提高投资组合的预期收益的稳定性。

在成本效益分析中，决策者需要平衡对冲的成本与其带来的风险管理效益，评估是否值得使用对冲策略来降低潜在的风险。

三、分散与对冲的结合及其成本效益分析

（一）分散与对冲的结合

在实际的金融风险管理中，分散和对冲常常是结合使用的。投资者可以通过

分散投资来降低总体风险的波动，同时在特定情况下使用对冲工具来进一步减少某些已知风险的影响。例如，当市场出现极端波动时，投资者可以使用期权对冲某一资产的风险，而通过多样化的资产配置来对冲整个投资组合的风险。

（二）分散与对冲结合的成本效益分析

结合分散与对冲策略的成本效益分析比单独分析任何一种策略都更加复杂。具体来说，结合策略的成本效益分析需要考虑以下内容。

1. 分散和对冲的协同效应

通过分散投资，整体组合的风险较低，使用对冲工具时，可以更精准地对冲可能出现的特定风险。两者相结合，可以在降低成本的同时实现更高效的风险管理。

2. 成本的双重负担

虽然分散和对冲可以带来协同效益，但两者的成本也需要综合考虑。例如，管理分散投资的费用与对冲工具的交易成本可能会产生叠加效应。如果没有合理的成本控制，可能导致整体成本超出预期。

3. 效益的优化

合理结合分散与对冲策略，可以在降低风险的同时保持较为稳定的收益。这种策略特别适合风险厌恶型的投资者，他们希望在获得适度收益的同时最大限度地规避风险。

通过对风险分散与对冲策略的成本效益分析，我们可以看出，二者在降低风险方面各有优势，但在实施过程中也存在各自的成本负担。分散投资适合长期投资者，可以有效减少市场波动对投资组合的影响；而风险对冲则适合在短期内应对特定市场风险的投资者，通过对冲工具可以有效减少风险损失。

在实际应用中，分散与对冲常常是结合使用的，投资者通过多样化资产配置降低总体风险，并根据市场变化使用对冲工具对特定风险进行保护。最终，决策者应根据自身的风险承受能力、投资目标和市场状况，合理选择和组合分散与对冲策略，从而实现最佳的成本效益。

第五章　金融风险转移与保险机制

第一节　金融风险转移的方式与路径

金融风险转移是现代金融管理中的重要课题，尤其是在全球化、市场化日益深入的今天，金融市场的复杂性和动态性要求企业、政府及金融机构必须采取有效的措施以应对风险。在这一节中，我们将深入探讨金融风险转移的方式与路径，包括金融产品的创新、风险共享机制、金融市场的规范化等多个方面，具体包括以下内容：

一、金融风险转移的概念与理论基础

（一）金融风险的定义与分类

金融风险是指市场、信用、流动性、操作等不确定因素导致的金融损失的可能性。从广义上看，金融风险可以分为系统性风险和非系统性风险。系统性风险是指由于宏观经济环境、政策变化或全球市场波动等因素引发的风险，而非系统性风险则是由企业内部管理、行业特性或个别事件所导致的风险。

（二）风险转移的理论基础

金融风险转移的理论基础主要来自金融理论中的风险分散和风险管理理论。风险分散理论指出，通过投资组合的多样化，可以将部分风险分摊到多个投资标的上，从而减少个别风险对整体投资的影响。而风险管理理论则强调通过识别、评估和控制风险，将潜在的损失最小化。

二、金融风险转移的方式

（一）保险机制

金融风险转移最为直接的一种方式是通过保险机制。通过购买保险，金融机构、企业或个人可以将一定的风险转移给保险公司，达到分散和规避风险的目的。根据保险的对象不同，保险可以分为财产保险、责任保险、健康保险等类型。在金融领域，特别是银行业和证券业，常见的保险形式包括信用保险、违约保险和投资保险等。这些保险产品不仅帮助投保人转移了部分金融风险，还能提高市场信心，促进经济稳定。

（二）衍生金融工具

衍生金融工具是金融风险转移的重要工具之一，包括期货、期权、掉期等。通过衍生工具，投资者可以对冲原有投资的风险，降低市场价格波动带来的损失。例如，期货合约能够帮助企业规避商品价格波动的风险；期权合约则允许投资者在未来某一时刻以约定价格买入或卖出资产，从而规避市场价格的不确定性。掉期合同则通过交换现金流的方式，使得参与者能够对冲利率风险或汇率风险。

（三）证券化与资产池化

证券化是将原本难以流通的资产（如不良贷款、房地产抵押贷款等）通过金融工程技术打包成可交易的证券产品，从而实现风险转移。资产池化是一种将多个资产捆绑成一个整体，通过发行资产支持证券等方式进行资金筹集。通过证券化，金融机构不仅能够将风险转移给市场，还能释放资本，提高资金流动性。证券化市场的发展推动了风险分散和资金高效配置，也为风险转移提供了更多的选择。

（四）风险共担机制

除了传统的风险转移方式外，现代金融体系中还出现了风险共担机制。风险共担是一种通过合作、共享的方式转移风险，主要体现在跨行业、跨国界的合作与联盟中。例如，多个金融机构可以联合成立风险共担基金，通过资金共享、资源整合的方式，在应对某一特定风险时分摊损失。风险共担机制在金融创新中得到了广泛应用，如金融机构间的互助机制、银行与保险公司之间的合作等。

（五）资本充足率管理与风险转移

资本充足率管理是金融机构尤其是银行控制风险的关键手段之一。资本充足率要求金融机构保持一定比例的资本，以应对可能出现的损失。通过资本充足率管理，金融机构能够在发生风险时依靠自身资本进行缓冲，减轻外部压力。同时，金融机构也可以通过资本市场的融资方式转移风险，进一步优化资产负债结构，增强应对金融风险的能力。

三、金融风险转移的路径

（一）市场化路径

市场化路径是金融风险转移最常见的路径之一。随着金融市场的发展，市场机制在风险转移中的作用愈加重要。通过资本市场、衍生品市场、保险市场等多个渠道，金融机构和投资者可以实现风险的有效转移。市场化路径强调通过市场规则的完善、市场产品的创新和市场主体的多元化，来推动风险的有效分散。

1. 金融产品的创新

随着金融市场的不断创新，金融产品的种类不断丰富。例如，金融科技的快速发展催生了数字货币、区块链技术等新型金融工具，这些产品不仅能够满足不同投资者的需求，还能为金融机构提供更灵活的风险管理方式。金融产品的创新不仅促进了市场竞争，也为风险转移提供了新的路径。

2. 金融市场的全球化

金融市场的全球化也为风险转移提供了新的视角。随着国际化的推进，金融机构可以通过跨境投资、外汇交易、国际债券等方式进行风险的转移。尤其是跨国金融集团，可以通过全球化布局，分散不同市场、地区的风险，实现全球范围内的风险管理。

（二）监管路径

金融风险转移还可以通过完善的监管体系来实现。金融监管不仅能够规范金融市场、保护投资者权益，还能通过风险评估、资本要求等措施，引导金融机构合理转移风险。有效的监管可以防止风险的过度集中，确保金融体系的稳定性。

1. 宏观审慎监管

宏观审慎监管是一种以整个金融体系稳定为目标的监管方式，通过对金融市场、金融机构的整体风险进行监控和管理，减少系统性风险的传染效应。宏观审慎监管政策通过加强对金融机构资本充足、流动性、杠杆率等方面的要求，推动金融机构采取合适的风险转移措施，防范金融危机的发生。

2. 金融创新的监管

随着金融市场的不断创新，监管机构需要跟上金融创新的步伐，制定相应的规则和框架。在金融衍生品、证券化产品、金融科技等领域，监管机构应通过明确的法律和规制框架，规范金融产品的设计和风险转移的操作，避免因监管滞后导致的金融风险积聚。

（三）企业路径

对于金融风险的转移，企业作为市场的主体之一，也承担着重要的角色。企业可以通过内部管理机制和外部融资渠道，进行有效的风险转移。

1. 风险管理体系建设

企业应建立健全的风险管理体系，通过识别、评估和监控不同类别的风险，采取合适的措施进行转移。例如，企业可以通过外部保险、衍生工具等手段将市场风险转移，同时通过内部风险控制，如现金流管理、资本结构优化等，降低企业运营中产生的风险。

2. 资本市场融资

企业还可以通过资本市场融资来实现风险转移。例如，发行债券、股票等资本工具，能够将企业的经营风险转移给投资者。通过资本市场的融资，企业不仅可以获得所需的资金，还能在一定程度上分担风险，增强抗风险能力。

四、金融风险转移的挑战与发展趋势

金融风险转移虽然提供了有效的风险管理途径，但也面临一系列挑战。首先，金融市场的不确定性和复杂性使得风险转移的效果存在变数。其次，金融创新的不断发展使得新型金融工具和产品层出不穷，这些产品的风险特性尚未完全被市场接受和评估。最后，全球金融市场的相互联系使得风险转移的效果可能受到外部环境变化的影响。

未来，金融风险转移将更加依赖于科技的进步，尤其是大数据、人工智能、区块链等技术的应用将为金融风险管理带来新的机遇。同时，随着全球金融市场一体化的推进，金融风险的转移也将更加国际化，跨国合作和监管协调成为关键。

通过不同的方式与路径进行金融风险转移，是应对复杂金融环境的必要手段。在全球化的背景下，金融风险转移不仅是金融机构和企业的责任，也是国家和监管机构需要共同面对的挑战。金融市场的完善、金融产品的创新以及监管路径的优化，将是未来金融风险管理的核心方向。

第二节　保险在金融风险控制中的作用

一、保险的概念及功能

保险是一种通过分散风险来管理不确定性的金融工具。投保人在签订保险合约后，向保险公司支付一定的保费，保险公司则在发生特定风险事件时，提供经济赔偿或补偿。保险通过将个人或企业的风险分担给社会群体，帮助投保人减少了可能的损失。保险的主要功能包括以下几点。

1. 风险转移

保险将潜在的风险从个体或企业转移到保险公司，从而减轻了投保人承担全部风险的压力。

2. 风险分担

通过将多个投保人的风险集中在一起，保险公司能够通过资金池的方式共同分担各个投保人的损失。

3. 财务保障

保险为投保人提供了财务保障，特别是在遭遇重大风险时，保险公司能够为其提供赔偿，确保其财务稳定。

二、保险在金融风险控制中的作用

（一）降低市场风险

1. 分散市场波动的影响

市场风险通常与价格波动密切相关，而保险产品如期货、期权和保险衍生品等，通过提前对冲或分散风险，能够帮助金融机构和投资者应对价格的剧烈波动。对于金融市场中的投资者和机构来说，通过购买特定的保险产品，可以有效减少由于市场波动引发的投资损失。

2. 风险定价与转移

金融市场中的波动性往往使得风险的管理变得复杂，而保险产品可以通过精确的定价和分散机制，帮助投保人降低风险。例如，金融保险产品如信用保险、投资保险等，通过为金融交易提供保障，能够减少因为市场波动带来的不确定性。

（二）降低信用风险

1. 信用保险的作用

信用风险是金融机构面临的重要风险之一。信用保险作为一种重要的金融工具，可以在借款方违约时，为贷款人提供经济补偿。信用保险不仅可以帮助金融机构降低坏账风险，还能够增强其对借款人信用的信心，从而推动更多的信贷活动。通过信用保险，金融机构能够在面对潜在违约风险时，采取更加积极的信贷政策，促进资金流动。

2. 信用风险管理工具

除了传统的信用保险外，金融机构还可以利用其他保险产品（如保证保险、担保保险等）来管理信用风险。这些产品能够帮助企业和金融机构在面对违约或信用不良的情况下，获得一定的赔偿或保障。

（三）降低流动性风险

1. 保险的流动性保障功能

流动性风险是金融机构在需要现金流时，因市场流动性不足而无法按时履行财务义务的风险。保险产品可以为金融机构提供一定的资金流动性保障，特别是在短期流动性压力较大的情况下。通过购买短期保险产品或流动性保险，金融机构可以获得相对较为稳定的资金支持，从而避免因资金链断裂而产生的流动性风险。

2. 保险公司作为流动性补充者

在金融市场出现流动性紧张时，保险公司能够发挥其流动性补充的作用。保险公司通常拥有较为稳定的资金来源，能够为金融机构提供相对高效的资金补充。在金融危机或市场不确定性较大的情况下，保险公司也能够通过其资金池和流动性管理能力，提供必要的支持，帮助市场恢复流动性。

（四）缓解操作风险

1. 操作风险保险产品

操作风险源于金融机构在日常运营中的失误、管理不善或系统故障等因素。为应对这一风险，保险公司可以为金融机构提供专门的操作风险保险产品。这些产品能够为金融机构提供在出现操作失误时的赔偿，帮助其减少因操作错误或管理漏洞所带来的损失。

2. 加强内部控制与风险管理

除了传统的保险产品外，金融机构还可以借助保险行业的经验，建立更加完善的内部控制和风险管理体系。通过借鉴保险业在风险识别、评估和转移方面的先进方法，金融机构能够更有效地防范操作风险的发生，提升风险管理水平。

三、保险在金融风险控制中的实际应用

（一）保险与银行业的结合

银行业是金融行业中最容易面临各种金融风险的领域之一。银行的主要风险包括信用风险、市场风险和操作风险等。为了有效控制这些风险，银行通过与保险公司的合作，设计了一系列的保险产品来进行风险转移和分散。例如，银行可以为其贷款业务购买信用保险，在借款方违约时，保险公司会提供经济赔偿，降低银行面临的坏账风险。此外，银行还可以利用保险来对冲利率波动或汇率变动带来的市场风险。通过这些方式，银行能够将自身的风险转移给保险公司，进而提高其风险管理能力。

（二）保险与证券市场的结合

证券市场中的投资者面临着巨大的市场风险。为了降低潜在的投资损失，证

券公司和投资者可以利用保险产品对冲市场波动带来的风险。通过购买证券投资保险或期权等产品，投资者能够在市场不利变化时，获得一定程度的保障。此外，证券公司也可以通过信用保险等手段，减少客户违约导致的损失，从而提高其自身的市场稳定性。保险在证券市场中的作用不仅限于风险转移，还可以作为一种风险管理工具，帮助投资者和证券公司在市场的不确定性中保持相对稳定。

（三）保险在保险公司风险管理中的作用

保险公司本身也面临一定的风险，包括承保风险、资产管理风险等。为了应对这些风险，保险公司需要依赖一系列的风险管理工具，其中保险产品在风险控制中的作用不可忽视。例如，保险公司可以通过再保险机制，将部分承保风险转移给其他保险公司，从而减轻自身的风险暴露。同时，保险公司还可以利用金融衍生品来对冲市场波动带来的资产管理风险。

四、保险在金融风险控制中的挑战与前景

（一）挑战

1. 保险产品的复杂性

尽管保险在金融风险控制中起到了重要作用，但随着金融风险的多样化和复杂化，传统的保险产品往往无法完全满足风险控制的需求。因此，保险公司需要不断创新，开发适应不同金融风险的新型保险产品，以应对市场变化。

2. 道德风险与逆向选择

在保险市场中，道德风险和逆向选择问题较为突出。一方面，投保人可能在保险保障后更加冒险，导致保险公司面临更多的理赔风险；另一方面，投保人可能选择隐瞒某些信息，导致保险公司无法准确评估风险。因此，如何平衡风险管理与道德风险，是保险公司在提供金融风险控制服务时必须面对的挑战。

（二）前景

随着金融市场的不断发展，保险在金融风险控制中的作用将愈加重要。特别是在全球化、数字化和金融创新不断推进的背景下，保险产品的创新将为金融机构和市场参与者提供更加多元的风险管理工具。未来，保险行业将通过与金融科技的结合，提供更加精准和高效的风险控制方案。

总的来说，保险在金融风险控制中的作用不可或缺。它通过分散、转移和管理风险，帮助金融机构、投资者以及其他市场参与者降低了风险暴露，维护了金融市场的稳定性。然而，面对不断变化的金融环境，保险行业需要不断创新，优化其产品和服务，以应对日益复杂的金融风险。

第三节　金融风险转移与保险市场的互动

一、金融风险转移的概述

（一）金融风险转移的概念及重要性

金融风险转移是指在金融体系中，参与者通过一定的机制和手段将自身面临的金融风险转嫁给他方，以实现风险的分散与缓解。金融风险，包括市场风险、信用风险、操作风险等，是金融活动中不可避免的部分。然而，风险的转移机制能够有效地减少个体或机构的潜在损失，通过有效的风险管理措施来保证经济活动的顺利进行。

在传统金融体系中，金融风险的转移通常通过多种工具进行，如债务契约、衍生金融产品、保险等。这些工具和市场的互动，使得金融风险不仅能够被识别、定价，还能通过跨行业和跨市场的合作进行分担与转移。金融风险转移机制的有效性直接影响到金融市场的稳定性及经济体的健康发展。

（二）金融风险转移的机制

1. 金融衍生品市场

金融衍生品是当今金融市场中常见的风险转移工具，包括期货、期权、掉期等。这些工具允许投资者在未来的某一时间以事先约定的价格买入或卖出特定资产，从而在市场价格波动中获得对冲风险的机会。例如，期货市场通过为参与者提供对冲工具，使得投资者能够通过买入或卖出期货合约来转移与现货市场相关的价格风险。

2. 资产证券化

资产证券化是一种通过将资产（如贷款、应收账款等）转化为可以交易的证券，从而实现风险转移的机制。通过证券化，金融机构可以将原本由自身承担的风险转移给资本市场中的投资者。这一过程不仅能够提高流动性，还能够将风险从金融机构的资产负担中剥离出来。

3. 保险市场的角色

保险市场在金融风险转移中发挥着至关重要的作用。保险产品为个人和企业提供了一种转移风险的方式，通过支付一定的保费，投保人能够在遭遇损失时得到赔偿。保险公司则通过广泛的风险分散以及精确的风险定价，在全球范围内进行风险的集体转移。无论是健康保险、财产保险，还是责任保险，都通过保险的机制帮助各类风险得到有效分配。

二、保险市场的基础作用

（一）保险市场的功能

保险市场不仅是一个风险转移的场所，更是风险管理体系的重要组成部分。通过保险，社会个体和企业可以将潜在的财务损失转移至保险公司，从而实现对财务稳定的保障。保险市场的基本功能包括以下几点。

1. 风险分散

保险市场的一个核心功能是分散风险。通过风险池化的方式，多个投保人将自身的风险集中到一个保险池中，保险公司通过风险评估和精算模型将风险进行合理分配。这样，在某个投保人遭遇损失时，保险公司可以用全体投保人的保费来进行赔偿，从而避免了个体因重大损失而陷入财务困境。

2. 风险定价

保险公司根据风险的性质、发生概率和潜在损失进行定价。通过精算技术，保险公司能够评估和量化风险，并依据风险高低制定合理的保险费率。这一过程能够确保保险公司在承担风险的同时，依然能够保持盈利。

3. 提供资本支持

保险市场作为金融体系的一部分，还在资本市场中扮演着重要角色。保险公司通过投资保费资金，参与股票、债券等金融市场的活动。通过资本市场的运作，保险公司不仅为自身的资金提供增值，还能够为经济体提供必要的资金支持。

（二）保险市场的风险管理功能

保险市场在金融风险转移中的作用，不仅体现在风险的转移上，更在于其对风险管理体系的贡献。具体来说，保险市场的风险管理功能包括以下几点。

1. 风险预警机制

保险公司通过持续的风险评估，能够提前发现潜在的风险隐患。通过对不同风险类型的分析，保险公司可以预警相关部门或企业，提醒他们采取相应的预防措施，从而减少可能的经济损失。这种功能不仅对保险公司本身有益，也为社会提供了一定的风险防控能力。

2. 风险对冲

通过产品创新，保险市场不断推出针对不同类型风险的保险产品。例如，地震险、洪水险、火灾险等，这些专门的保险产品能够帮助人们有效对冲特定类型的自然灾害风险。此外，保险公司还可以通过再保险市场将部分风险进一步转移，从而达到更加精细的风险管理。

3. 流动性保障

保险市场的资金流动性非常重要。在保险行业中，保险公司通过合理的保单安排和资金调度，能够确保在大规模理赔事件发生时，能够迅速调动资金进行赔付，从而避免了资金链断裂的风险。这种流动性保障也提高了社会对保险市场的信任度。

三、金融风险转移与保险市场的互动

（一）金融风险转移对保险市场的影响

金融风险转移的需求直接推动了保险市场的发展。在现代金融体系中，越来越多的金融风险通过保险市场进行转移，这不仅改变了保险市场的结构，也提升了其在经济体系中的重要性。

1. 推动保险产品创新

随着金融风险类型的日益复杂，传统的保险产品逐渐无法满足市场需求。这促使保险公司不断创新，推出针对新型风险的保险产品。例如，随着金融市场的全球化，跨境风险逐渐增加，保险公司开始设计多国保险产品，以满足跨国企业和个人的需求。

2. 提高保险市场的效率

金融风险转移的多样化要求保险市场提供更加高效和精准的服务。保险公司借助现代科技，尤其是大数据分析和人工智能技术，提高了风险定价和管理的效率。这种高效运作不仅降低了保险公司的运营成本，也使得消费者能够获得更具竞争力的保险产品。

3. 增强保险市场的稳定性

随着金融风险转移的深入，保险市场变得更加稳定。尤其是再保险和保险证券化等机制，极大地分散了单一保险公司承担风险的压力。这种风险分担机制有助于提升整个保险行业的抗风险能力，增强保险市场的整体稳定性。

（二）保险市场对金融风险转移的促进作用

反过来，保险市场不仅是金融风险转移的受益者，也在推动金融风险转移方面发挥着积极作用。通过多层次的市场机制，保险公司帮助各类金融机构、企业乃至个人更好地管理和分散风险。

1. 降低系统性风险

保险市场的良性运作能够有效降低金融系统的整体系统性风险。通过广泛的风险分散机制，保险公司帮助金融体系分摊可能发生的大规模风险，削弱了某一领域的风险集中效应，避免了因风险爆发而引发的系统性危机。

2. 为金融产品提供保障

保险市场的创新产品不仅为个人提供保障，也为金融产品提供了支持。金融机构可以通过保险产品对自身的信用风险进行转移，增强金融产品的吸引力。例如，信用保险产品可以帮助银行减少贷款违约而带来的损失，从而促进了信贷市场的健康发展。

3. 促进跨行业协作

保险市场通过与其他金融市场的互动，推动了跨行业的协作。在保险市场与资本市场的合作中，保险公司通过投资获得收益，而资本市场则为保险公司提供资金支持。这种合作促进了各类金融资源的有效流动，有助于金融体系的全面发展。

四、结论

金融风险转移与保险市场的互动是现代金融体系中的重要组成部分。通过有效的风险转移机制，保险市场不仅为个体和企业提供了保障，还为整个金融系统的稳定性做出了贡献。随着金融创新和技术的不断发展，金融风险转移的方式也在不断丰富和完善，保险市场将在未来的金融风险管理中扮演越来越重要的角色。因此，理解金融风险转移的机制及其与保险市场的互动关系，对于研究和实践金融风险控制具有重要意义。

第四节　金融风险转移与保险的成本效益分析

金融风险转移是现代金融体系中的重要机制之一，它通过多种手段将潜在的风险分散或转嫁给其他主体，从而有效降低单一主体所承受的风险压力。在金融市场中，保险作为一种传统且重要的风险管理工具，不仅能够提供经济保障，还具有成本效益的显著优势。金融风险转移与保险的结合，能够在一定程度上优化资源配置，降低经济活动中的不确定性，从而为企业和个人提供更为稳健的经济安全保障。通过分析金融风险转移的模式与保险的成本效益，可以凸显其在现代经济中的重要性。

一、金融风险转移的基本原理与主要形式

（一）金融风险转移的基本原理

金融风险转移的基本原理是通过各种工具和机制，将一个主体所面临的风险转移到另一个主体或市场中，从而缩小该主体自身的风险敞口。具体而言，金融风险转移可以通过金融衍生品、保险、再保险等手段实现。例如，通过期货、期权等衍生品，投资者可以锁定未来某一时点的价格，从而将市场风险转嫁出去；

而通过保险，企业或个人则可以将突发事件带来的财务风险转嫁给保险公司。

在风险转移的过程中，保险公司作为承接风险的主体，通过分散风险池的方式实现盈利。这一机制不仅能够在个体之间分摊风险，还能够通过大数法则使得风险的整体波动降低。保险公司通过精确的风险定价，结合现代金融工具，能更好地评估和管理风险，从而为社会提供更为稳定的风险管理解决方案。

（二）金融风险转移的主要形式

金融风险转移的主要形式包括但不限于保险、衍生品、资产证券化等。在保险领域，企业和个人可以通过购买保险将财务风险转移至保险公司，保险公司则通过分散投资和风险池管理，实现对整体风险的有效控制。而衍生品市场，特别是期货、期权等金融工具，允许投资者对冲市场价格波动的风险。资产证券化则通过将不动产、贷款等资产转化为可交易证券，进而分散和转移风险。每种形式都有其独特的风险管理效果，适用于不同的市场环境和主体需求。

二、保险的成本效益分析

（一）保险的基本功能与效益

保险的核心功能在于为投保人提供风险保障，在发生保险事件时，保险公司按照合同约定支付保险赔偿金，从而减轻被保险人面临的经济压力。在成本效益的分析框架下，保险的效益不仅仅体现在风险转移本身，还体现在通过保险机制优化社会资源配置，促进风险的有效管理。保险使得个体或企业在遭遇风险时，能够快速得到资金支持，恢复生产和生活，避免因单一风险事件导致整个经济体的崩溃。

从成本的角度来看，保险的主要成本包括保费支出、手续费以及其他行政管理费用。通过合理的风险定价，保险公司能够确保其经营的可持续性，而投保人则通过支付相对较低的保费，将高额的潜在损失转移给保险公司。

（二）保险的成本效益评估

保险的成本效益评估不仅仅是对保费支出和赔付金额的简单对比，还应考虑到保险产品的多维度效益。具体而言，保险的成本效益评估可以从以下几个方面进行：

1. 风险管理效益

保险通过将风险转移给保险公司，减少了投保人因突发事件可能遭受的经济损失。尤其对于企业而言，保险能够降低财务风险，提高经营的稳定性。此外，保险公司通过精确的风险评估和管理，也能在一定程度上帮助社会整体降低风险水平，提高资源的配置效率。

2. 资本成本节约

保险可以有效减少企业或个人需要为潜在风险留存的资本。当企业面临不可预测的风险时，通常需要预留一定比例的资金作为缓冲。而通过保险，企业能够将这部分资金用于其他高效益的投资项目，提升整体资金利用率。保险的出现有效降低了资本的持有成本，提高了经济主体的资金周转速度。

3. 促进经济稳定

保险机制能够有效减缓突发风险对经济活动的冲击。通过为投保人提供及时的风险保障，保险可以防止因自然灾害、意外事故或其他不可预测事件造成的经济动荡，帮助社会和经济体保持稳定。这一方面能够减少政府和社会对灾后救助的依赖，另一方面也为社会提供了一定的保障。

（三）保险的成本控制与优化

尽管保险能够带来诸多效益，但其成本控制和优化依然是一个重要的课题。在实际操作中，保险公司通常会采取多种方式来控制成本，提升其成本效益：

1. 风险定价的精准性

保险公司的风险定价策略对成本效益的影响至关重要。通过对风险的精确评估和定价，保险公司能够确保其承接的风险与其收取的保费相匹配，从而避免过度承保或承保不足的情况发生。合理的风险定价不仅能够帮助保险公司提高盈利水平，还能够确保保险市场的健康发展。

2. 风险池化和再保险机制

为了进一步分散风险，保险公司通常会采用再保险机制，将部分风险转移给其他保险公司或金融机构。通过建立完善的风险池和再保险体系，保险公司能够有效分担单一风险事件的巨大损失，从而降低整体运营成本，提高风险管理效率。

3. 技术创新与管理优化

随着信息技术的快速发展，保险行业也开始采用大数据、人工智能等先进技术来优化风险评估与管理流程。通过技术手段，保险公司能够更加精准地预测和评估风险，制定出更为科学合理的保险产品，同时降低传统保险模式中的人工成本和操作风险。这不仅能提升保险产品的服务质量，也能提高其整体的成本效益。

三、金融风险转移与保险的结合

（一）金融风险转移中的保险角色

保险作为金融风险转移的重要手段，能够在多个层面发挥作用。首先，保险通过保障机制帮助个人和企业转移因自然灾害、事故、疾病等事件所带来的经济损失；其次，保险市场通过提供多样化的保险产品，满足不同主体对风险管理的需求，为社会经济发展提供了强有力的支持。在金融风险转移过程中，保险公司通常扮演着风险承接者的角色，承担大部分的风险负担。

（二）金融风险转移中的保险创新

随着金融市场的复杂性增加，传统的保险产品和机制已难以完全满足市场需求。因此，保险创新成了金融风险转移领域的重要发展方向。通过创新保险产品，保险公司不仅能更好地满足客户需求，还能通过多样化的风险管理手段提升自身的市场竞争力。创新的保险产品能够在更大范围内实现风险的分散和转移，提升整个金融体系的稳定性。

（三）金融风险转移的未来趋势

在全球化和技术创新的背景下，金融风险转移与保险的结合将呈现出更为复杂和多元化的趋势。随着金融科技的发展，智能保险、区块链技术等创新手段将推动金融风险转移方式的进一步变革。同时，随着社会和经济环境的变化，保险产品的多样化和定制化将成为未来发展的重要方向。

金融风险转移和保险的成本效益分析揭示了现代金融体系中风险管理的重要性。通过合理的风险转移机制和精确的保险产品设计，能够有效提高风险管理的效率，降低经济主体面临的不确定性，从而促进经济的健康发展。随着技术的进步和市场需求的变化，金融风险转移与保险领域将继续创新，推动社会经济的稳步前行。

第六章　财政税收政策在金融风险控制中的实践

第一节　税收政策在金融风险控制中的应用

一、税收政策影响金融风险的理论机制

税收政策通过多种渠道对金融机构和市场参与者的决策产生影响，进而作用于金融风险的形成与演变过程。

（一）资本结构调整

税收政策对金融机构的资本成本和融资成本具有重要影响。例如，利息支出在计算企业所得税时允许税前扣除，而股息红利等权益性融资收益则不能，这使得债务融资的税后成本相对较低，可能促使金融机构提高债务融资比例。然而，过高的债务水平会增加金融机构的财务杠杆，使其在面临市场波动时更容易陷入财务困境，从而加大金融风险。合理的税收政策设计可以通过调整债务与股权融资的税负差异，引导金融机构优化资本结构，增强其抵御风险的能力。

（二）风险资产定价

税收政策会影响资产的税后收益，进而改变投资者对风险资产的定价和投资决策。例如，对不同类型的金融资产（如股票、债券、衍生品等）征收不同的税收，或对金融交易环节征税，会改变投资者的税后预期收益和风险特征。当税收政策提高某类高风险资产的税负时，投资者可能会要求更高的风险溢价，或减少对该类资产的投资，从而促使金融机构重新评估和调整资产组合的风险特征，抑制过度投机行为，降低金融市场风险积聚的可能性。

（三）金融机构经营行为

税收政策对金融机构的业务范围、盈利模式和风险管理策略产生引导作用。例如，税收优惠可以鼓励金融机构开展特定的金融服务或投资活动，如对中小企业贷款业务的税收减免可能促使银行增加对中小企业的信贷投放，支持实体经济发展。但同时，也需要防范金融机构为享受税收优惠而过度扩张风险较高的业务领域，导致风险敞口扩大。此外，税收政策对金融机构的税收征管和合规要求也会影响其内部控制和风险管理水平，严格的税收监管可以促使金融机构加强财务管理和风险防范意识。

二、税收政策在金融风险控制中的具体应用

（一）金融机构税收政策与风险控制

1. 银行

对银行存款利息收入征税可以调节居民储蓄行为和银行资金来源结构。适当降低存款利息税率或给予税收优惠，可能鼓励居民增加储蓄，为银行提供相对稳定的资金来源，增强银行的流动性管理能力。但过高的储蓄率也可能导致消费不足，影响经济增长动力，进而间接影响银行的资产质量和盈利能力。在贷款业务方面，对银行不良贷款的税收处理政策（如不良贷款准备金的税前扣除，以物抵债资产的税收优惠等）直接影响银行的风险成本和风险处置能力。例如，允许银行在计算应纳税所得额时适当扣除贷款损失准备金，可以增强银行应对信贷风险的财务缓冲能力，及时核销不良贷款，减轻银行资产质量压力，稳定银行体系的健康运行。

对银行的国际业务税收政策也具有重要意义。在全球化背景下，银行跨境经营日益频繁，跨境税收政策会影响银行的国际资金流动、海外分支机构布局和业务定价。合理的税收政策协调可以避免国际双重征税，降低银行的跨境经营成本，促进国际金融资源的合理配置，同时防范跨境金融风险的传递。例如，通过税收协定和国际税收合作机制，规范银行跨境金融交易的税收征管，加强对跨境资本流动的监测和监管，防止银行利用国际税收差异进行避税或开展高风险的套利活动。

2. 证券

对证券发行和交易的税收政策会显著影响证券市场的活跃度和稳定性。例如，印花税是证券市场中一项重要的交易成本，调整印花税率可以调节证券市场的交易规模和频率。降低印花税通常会刺激证券市场交易，提高市场流动性，但也可能引发市场的过度投机，导致资产价格泡沫形成。反之，提高印花税则可能抑制交易热情，稳定市场预期，但过度提高可能会影响市场的正常融资功能和资源配置效率。在证券所得税方面，对股息红利和资本利得的税收政策差异会影响投资者的收益分配偏好和投资策略。例如，对长期持有的股权收益给予税收优惠，可以鼓励投资者进行长期价值投资，减少短期投机行为，促进证券市场的稳定发展，降低市场波动带来的金融风险。

3. 保险

税收政策对保险业的风险控制主要体现在保费收入税收优惠和保险准备金的税收处理上。对保险公司的保费收入给予一定的税收减免，可以降低保险公司的经营成本，提高其承保能力和偿付能力，增强保险行业应对风险的整体实力。同时，对保险准备金的税前扣除政策，确保保险公司在收取保费时能够合理提取准备金用于未来可能的赔付支出，保障保险消费者的合法权益，维护保险市场的稳定运行。此外，税收政策还可以引导保险资金的运用方向，促进保险机构优化投资组合，降低投资风险。例如，对保险资金投资于国家重点支持的基础设施项目、长期股权投资等给予税收优惠，鼓励保险机构将资金配置到相对稳定、收益可控的领域，提高保险资金运用的安全性和收益性，增强保险业的抗风险能力。

（二）金融市场税收政策与风险控制

1. 债券市场

对债券利息收入的税收政策差异会影响不同类型债券的吸引力和市场定价。例如，国债利息通常免征个人所得税和企业所得税，这使得国债在税收上具有相对优势，吸引了大量投资者，成为金融市场的重要安全资产。而对企业债券、公司债券等的利息收入征税，则可能导致其税后收益率相对较低，为了吸引投资者，发行人需要提供更高的票面利率，从而增加了企业的融资成本和债务风险。合理的税收政策可以调节国债与企业债券市场的均衡发展，引导资金在不同风险等级的债券品种之间合理流动，优化社会资金配置结构，降低企业融资风险和债券市场系统性风险。此外，对债券交易环节的税收政策（如债券转让所得的税收、债券回购交易的税收等）也会影响债券市场的流动性、市场参与者的交易行为和价格形成机制，进而影响债券市场的稳定性和风险传导效率。

2. 衍生品市场

金融衍生品具有高杠杆、高风险、高复杂性的特点，其税收政策设计需要充分考虑风险控制和市场公平性。对金融衍生品的交易所得征税，通常需要明确应税所得的计算方法、课税对象和税率等要素。例如，对于期货交易，一般按照货物期货和金融期货分别制定税收政策，货物期货可能适用增值税等税种，而金融期货的税收处理则相对复杂，需要考虑其交易本质和风险特征。对金融衍生品的持有环节和交易环节征税，会影响市场参与者的交易成本和风险收益平衡，进而影响衍生品市场的市场规模、参与主体结构和风险分散功能。合理的税收政策可以抑制金融衍生品市场的过度投机行为，促进衍生品市场回归其风险管理的本质功能，同时防范衍生品市场风险向其他金融市场领域扩散和传导。

（三）系统性金融风险防控的税收政策工具

1. 宏观审慎税收政策

宏观审慎税收政策是从整体金融体系稳定的角度出发，通过对金融机构和金融市场的税收政策调整，防范系统性金融风险的积累和爆发。例如，逆周期的税收政策可以在经济繁荣时期适当提高金融机构的税收负担或收紧税收优惠，增加金融机构的成本压力，抑制其过度扩张信贷规模和承担过高风险的动机；在经济衰退时期，则可以降低税收负担或加大税收支持力度，缓解金融机构的经营压力，促进信贷投放，稳定金融市场和实体经济。此外，还可以针对系统重要性金融机构设计特殊的税收政策，如对其征收额外的系统重要性机构税，用于弥补其在破产时可能对金融体系造成的系统性损失，增强金融体系的稳定性。

2. 征管协同与信息共享

加强税收征管部门与其他金融监管部门之间的协同合作和信息共享是税收政策在金融风险控制中发挥作用的重要保障机制。通过建立跨部门的数据共享平台，税收部门可以及时获取金融机构的财务数据、业务数据和市场交易数据等信息，加强金融税收风险管理的精准性和有效性；同时，金融监管部门也可以借助税收征管数据，更全面地了解金融机构的经营状况和风险特征，及时发现潜在的金融风险隐患，实施有效的监管措施。例如，税收部门与银保监会、证监会等部门共享金融机构的纳税申报信息、税务稽查信息和风险评估结果，共同构建对金融机构的全面监管体系，防止金融机构利用税收政策漏洞从事违法违规金融活动或隐瞒真实经营风险，提高金融市场的透明度和规范性，降低系统性金融风险的发生概率。

税收政策作为宏观调控和金融监管的重要工具，在金融风险控制中具有不可替代的重要作用。通过对金融机构经营行为、金融市场运行机制和系统性金融风险防控的影响，税收政策可以引导金融资源的合理配置，抑制金融市场的过度投机和风险积累，增强金融体系的稳定性。在实践中，合理设计和实施税收政策能够有效应对金融风险挑战，促进金融市场的健康稳定发展。然而，随着金融创新的加速推进和全球经济格局的深刻变化，税收政策在金融风险控制中也面临着诸多新的挑战，需要不断优化政策体系、加强国际合作和提升征管能力，以充分发挥税收政策在现代金融风险防控体系中的重要作用，保障国家金融安全和经济可持续发展。

第二节 财政支出政策在金融风险控制中的支持作用

税收政策作为国家宏观调控的重要手段之一，对于金融风险的控制具有重要作用。金融风险控制的核心目标是确保金融体系的稳定性、流动性和健康发展，而税收政策通过调节经济主体的行为、优化资源配置、调整收入分配等途径，间接或直接影响金融市场和金融机构的稳定性。本节将详细探讨税收政策在金融风险控制中的应用，主要从税收政策的基本作用、税收政策对金融风险的防控机制、税收政策的调节功能以及税收政策在金融市场中的实践等几个方面进行阐述。

一、税收政策的基本作用

税收政策是国家财政政策的重要组成部分，通过税收征收与税率调整、税制改革等手段，国家能够对经济活动进行有效干预。税收政策在金融风险控制中的作用主要体现在以下几个方面：

（一）稳定宏观经济环境

税收政策通过调节政府财政收入和支出，直接影响国家的财政健康和整体经济环境。在经济过热时，税收政策可通过提高税率、加强税收征管等措施减少市场过度投资，从而有效抑制资产泡沫的形成；而在经济下行周期，国家可以通过降低税率、实行减税降费等手段刺激经济增长，增加市场信心，进而减轻金融风险的压力。

税收政策的适时调整能够帮助国家应对不同经济周期，避免金融系统受到大规模风险的冲击。例如，在 2008 年全球金融危机期间，许多国家通过降低企业所得税和个人所得税，减轻企业负担，提高市场信心，从而防止金融市场陷入深度衰退。

（二）优化资源配置

税收政策能够通过调整资源的流动方向，促进资金流向具有较高生产效率和创新能力的领域，减少低效、过度扩张行业的资源占用。尤其是在高风险行业中，税收政策可以对不同领域的企业和金融机构进行分层次的税负设计，以此引导资本流向稳定的行业，降低系统性风险。例如，政府可以通过对高风险行业（如房地产、金融衍生品市场）征收较高的税负，而对技术创新、高新技术产业等领域给予税收优惠，促进资本流向创新驱动型行业。

（三）促进金融机构合规发展

税收政策通过规范金融机构的行为，促使其加强合规管理力度，减少违法违规行为的发生。金融机构的非法集资、操纵市场等行为是金融风险的重要来源之一。税收政策通过加大对金融违规行为的处罚力度，推动金融机构加强内部管理力度，提升风险控制能力，降低风险发生的可能性。例如，政府可以通过加大对金融机构税务审计力度，确保其依法纳税，减少税收逃漏行为，同时通过税收激励措施鼓励金融机构加强风险控制力度、提高透明度，从而在宏观上降低金融体系的不稳定性。

二、税收政策对金融风险的防控机制

税收政策不仅在宏观经济层面起到调控作用，还在金融风险防控方面发挥着具体机制功能。以下将从税收政策的风险调节功能、风险识别功能和风险预警功能等方面探讨其在金融风险防控中的具体作用。

（一）风险调节功能

税收政策通过调整税收结构、税率等，能够调节市场供需关系和资金流动方向，从而有效调节金融市场的风险水平。例如，政府可以通过对短期资本流动进行税收干预，降低短期资本对金融市场的冲击风险；同样，通过对长期资本的税收优惠政策，鼓励资本的长期投资，从而降低市场的波动性。例如，某些国家和地区对股市中的短期交易加征较高的交易税，以降低投机性资本的流动性；而对长期投资的资本则提供税收优惠，鼓励资本长期持有，这样可以在一定程度上降低股票市场的波动性，避免短期资本的过度进入引发的金融泡沫。

（二）风险识别功能

税收政策能够帮助政府识别金融风险的潜在源头。通过对企业和金融机构的税务监控，政府可以及时发现不合规行为，如税收逃漏、虚报收入等问题。这些问题可能与金融风险的产生息息相关，及时的税务审查有助于揭示金融市场的潜在风险。

税收政策还能够帮助政府识别经济中不平衡的部分，例如某些企业和行业的税收负担过重，可能导致资金流动失衡，进而影响金融市场的稳定。因此，通过税收政策的调节，政府不仅能够提高财政收入，还能够识别并预警经济中潜在的金融风险。

（三）风险预警功能

税收政策通过数据收集和分析，能够为金融风险预警系统提供重要依据。税务部门在征税过程中积累的海量数据，可以通过数据分析，识别出金融市场、银行系统或其他经济主体的潜在风险。例如，税收数据可以反映出某一行业或企业的财务状况，如果其税收缴纳水平与行业标准不符，可能意味着该企业存在财务造假或财务困境的风险。

税务数据还可以通过大数据技术与其他宏观经济数据进行结合分析，帮助政府对金融市场中的潜在风险进行早期预警，从而采取相应措施进行干预和调控。

三、税收政策的调节功能

税收政策具有调节经济结构、促进经济发展、调整财富分配等功能。在金融风险控制中，税收政策的调节功能尤为重要。通过税收政策的合理设计，政府可以引导金融资源流向更安全、稳定的领域，降低系统性风险。

（一）税收调节金融市场的流动性

金融市场的流动性是市场稳定性的关键因素之一，而税收政策对市场流动性的调节作用不容小觑。政府可以通过税收政策调节金融市场中的资金供求关系。例如，通过调整金融产品的税收政策，激励资本流向风险较低的领域，抑制资本流向高风险行业，从而保持市场的流动性平衡。

（二）税收调节金融创新和金融风险

税收政策还能够引导金融创新的方向，促进金融科技和创新金融产品的发展，同时防范金融风险。例如，政府可以通过对金融科技创新项目的税收优惠，推动其在风险控制、资产管理等方面的技术创新，以此提高金融体系的风险防控能力。然而，税收政策在鼓励创新的同时也需要防止过度创新带来的金融风险，尤其是创新型金融产品可能带来的系统性风险。因此，税收政策在支持创新的同时，应该采取一定的风险限制措施，确保创新不会带来无法预知的风险。

四、税收政策在金融市场中的实践应用

税收政策在金融市场中的实践应用，不仅需要理论支持，更需要通过具体案例来验证其有效性。以下通过一些典型案例来分析税收政策在金融风险控制中的具体应用。

（一）税收政策在金融危机中的应用

2008 年全球金融危机爆发后，各国政府通过减税、降低利率等手段刺激经

济增长，避免了金融系统的大规模崩溃。例如，美国政府实施了大规模的减税政策，以刺激消费和投资，并采取了针对银行系统的救助措施，防止了金融系统的进一步崩溃。

（二）税收政策在房地产市场调控中的应用

房地产行业是金融风险的重要源头之一，税收政策可以通过调节房地产市场的资金流动，抑制过度投资和金融泡沫的形成。例如，我国政府通过加大房地产税和房产税政策的执行力度，减少过度投机行为，调节房地产市场的金融泡沫风险。

（三）税收政策在银行业风险防控中的应用

银行业是金融体系中最重要的组成部分之一，税收政策在防控银行业风险中的作用至关重要。例如，通过对银行资本充足率的税收激励措施，促进银行增强资本储备，提升其风险抵御能力。

第三节　财政税收政策在金融风险控制中的协同作用

一、财政税收政策与金融风险控制的关系

（一）财政税收政策的定义与目标

财政税收政策是国家制定的一系列针对税收的管理和调节措施，其目标是通过税收的征收、管理和使用，保障国家财政的稳定，支持社会经济的均衡发展。同时，财政税收政策也是国家调控经济的重要手段之一，能有效地影响市场主体的行为，调节国家的宏观经济环境。

金融风险控制则是指金融机构及相关部门采取一系列措施，以识别、预防、评估和应对金融风险的行为。金融风险种类繁多，包括信用风险、市场风险、流动性风险、操作风险等，而金融风险控制的目的是保障金融体系的安全与稳定，避免金融危机的发生。

财政税收政策与金融风险控制之间存在紧密的联系。税收政策的变化直接影

响企业的成本结构、投资行为、资金流动等，从而影响金融市场的稳定性。同时，税收政策的优化也能增强政府在金融风险防范中的调控能力，协调财政资源的合理配置，优化金融市场的功能。

（二）财政税收政策在金融风险控制中的作用机制

财政税收政策通过以下几个方面在金融风险控制中发挥协同作用：

1. 调节金融市场预期

税收政策的变化常常对市场产生广泛的预期影响。例如，增值税、企业所得税等税率的变化，可能引发企业和消费者的行为调整。这种调整进而影响到金融市场的稳定。例如，在某一时段，降低企业所得税税率可能促进企业盈利能力的提升，增强企业偿债能力，从而降低金融机构的信用风险。

2. 优化金融资源配置

财政税收政策的实施可以通过激励或限制特定行业或领域的投资，优化资金流动的方向，从而间接影响金融风险。例如，税收优惠政策可能促进创新产业、绿色产业等领域的资金流入，而税收加重则可能抑制某些高风险行业的发展，降低金融机构的贷款违约风险。

3. 增强金融稳定性

税收政策的有效调整能够增强国家财政的稳定性，并为金融系统提供必要的流动性支持。在金融危机或经济下行压力较大的时期，财政税收政策的有效配合能够加强政府对金融体系的支持作用，避免金融市场因资金短缺而导致的金融危机。例如，适当减税或增加政府投资可带动经济增长，提升社会整体的金融健康水平。

4. 促进金融监管的配合

金融监管机构在进行金融风险控制时，常常依赖于财政税收政策的引导和支持。例如，财政部门可以根据税收数据进行相关的市场分析，为金融监管机构提供必要的信息支持，从而优化金融监管的政策设计。

二、财政税收政策与金融风险防范的实践案例

（一）税收政策的调控作用

在金融危机发生时，税收政策通常发挥着调节市场情绪的作用。例如，在2008年全球金融危机爆发后，各国政府通过调整税收政策，刺激经济复苏。美国政府推出了一系列减税措施，试图通过降低个人所得税、企业所得税以及房地产税，来恢复市场信心和增加消费者支出。这些减税措施不仅促进了民众消费，也改善了企业的现金流，从而减轻了企业违约的风险，有效地推动了经济的回暖。

我国政府在此期间也出台了一系列税收政策调整。例如，在2009年实施的增值税转型改革，优化了税收结构，为企业尤其是制造业提供了税负减轻的优惠，进一步稳定了金融体系。通过这一措施，我国不仅减轻了企业负担，也使得企业能够保持足够的流动性，避免了因财务压力导致的金融风险。

（二）税收政策对金融风险的影响

税收政策在金融风险防控中起到了重要的作用。一方面，税收政策通过刺激特定行业的发展，带动了资金流入，增加了企业的资金来源，降低了企业的负担；另一方面，税收政策也通过限制高风险行业的资金流入，降低了金融市场中存在的风险。例如，国家对房地产行业实施限购、限贷政策，增加了相关行业的税负，抑制了房地产泡沫的进一步膨胀，有效降低了金融风险。同样，在企业层面，政府通过适当调整企业所得税率，鼓励企业进行创新和技术升级，减少对传统高污染、高能耗行业的依赖。这样，不仅提高了企业的抗风险能力，也降低了行业风险对金融系统的冲击。

（三）财政税收政策的协同作用与市场风险管理

财政税收政策不仅能有效防范宏观金融风险，还能起到微观市场风险管理的作用。税收政策的微调，有助于促使企业更为理性地进行资本运作和投资决策，从而降低盲目扩张所带来的金融风险。在现代金融体系中，税收政策与金融市场的紧密结合使得政府能够实现宏观调控的目标，防范潜在的金融危机。例如，近年来我国针对银行业和金融机构的税收政策进行了优化，推出了多项减税政策，

旨在减少金融机构的税负，增强其资本实力和贷款能力。

三、财政税收政策在金融风险防控中的协同效应

（一）财政税收政策对金融市场风险的直接影响

财政税收政策对金融市场风险的控制，体现在其直接影响市场行为、金融机构的决策以及整体经济环境的稳定。财政税收政策的变化，能够快速改变市场预期，并调整经济资源的配置。通过合理的财政税收政策，政府可以有效降低金融市场的不确定性，为金融市场的长期稳定奠定基础。例如，国家对资本市场的财政税收政策调整，如资本利得税的调整，直接影响投资者的投资决策。当税负增加时，投资者可能会选择撤资或转移资本，导致资本市场波动加剧。而财政税收政策的宽松，则可能促进资金流入市场，从而提升市场活跃度，降低市场系统性风险。

（二）财政税收政策的优化与金融机构的风险管理

财政税收政策不仅能够影响市场主体的行为，还能影响金融机构的风险管理策略。例如，银行对信贷风险的控制与企业的税收负担息息相关。当企业所得税大幅提升时，企业的盈利能力下降，银行面临的违约风险增加。相反，当税收负担减轻时，企业能够获得更多的资本投入，有助于改善其偿债能力，从而降低银行的信用风险。

（三）财政税收政策与财政支出的协同作用

财政税收政策的有效调整，能够为政府提供更多的财政资源，而财政支出的合理使用则是确保金融风险控制的基础。政府通过调整财政税收政策，税收逐步增加，从而增强财政的调控能力和应对金融危机的能力。同时，政府还可以通过适当的财政支出，特别是社会保障、金融补贴等领域，进一步保障金融市场的稳定，减少金融风险对社会经济的影响。

财政税收政策在金融风险控制中起到了极其重要的作用。通过调节市场预期、优化资源配置、增强金融稳定性以及促进金融监管的配合，财政税收政策能够有效控制金融市场的风险。尤其在全球经济环境复杂多变的背景下，合理的税收政策调整不仅有助于防范宏观经济风险，还能在微观层面提高企业的抗风险能力，

从而减少金融风险的传导。国家应继续加强税收政策与金融风险控制的协同，提升金融市场的稳定性，为经济的持续发展提供保障。

第四节　财政税收政策在金融风险控制中的作用分析

一、财政税收政策对金融风险控制的作用

财政税收政策在国家经济和金融体系中占据着至关重要的地位。作为政府调控经济、引导市场和社会发展的重要手段，财政税收政策不仅直接影响企业和个人的财务状况，也间接影响金融机构的经营和市场的稳定性。在金融风险日益复杂和多变的今天，财政税收政策作为防范和化解金融风险的重要工具，其作用愈发显得不可或缺。

在实际的金融风险控制中，财政税收政策可以通过以下几个方面起到关键的作用。

（一）引导市场预期和资金流向

财政税收政策可以通过调整税率、税种和税基等手段，引导社会资本流向特定行业或领域。例如，减税或免税政策的出台，可以激励投资者和金融机构加大对某些高风险行业的投资力度，从而减少金融市场的不确定性。

（二）稳定金融机构经营

对于金融机构而言，税收政策直接影响其资金的流动和盈亏状况。通过适当的税收减免、税收返还等措施，可以有效缓解金融机构在面对经济波动时的经营压力，降低金融机构因经营不善而出现的破产风险。

（三）促进产业结构调整与金融稳定

财政税收政策能够促使资金流向有潜力和前景的行业，从而推动产业结构的调整与优化。这种政策引导有助于金融市场的稳定，减少过度投机和不良资产的产生，降低系统性金融风险。

（四）缓解金融市场周期波动

财政税收政策作为宏观调控工具，可以有效对冲经济周期中的波动，尤其是在经济下行阶段，通过财政刺激政策的实施，能够减缓金融市场的衰退，避免发生金融危机。

（五）增强金融体系的抗风险能力

财政税收政策在缓解短期经济压力的同时，也有助于提升金融体系的长期抗风险能力。例如，通过对金融市场参与主体实施合理的税收优惠政策，可以激发市场主体的活力，提升金融市场的稳定性和韧性。

二、财政税收政策在金融风险控制中发挥作用的实际案例

为了更直观地理解财政税收政策如何在金融风险控制中发挥作用，以下是几个典型的案例分析。

（一）案例一：2008 年全球金融危机中的美国税收政策应对

2008 年全球金融危机无疑是世界经济历史上最为震动的一次事件，其波及范围和深度前所未有。美国作为全球最大的经济体之一，受到了极其严重的影响，金融市场出现剧烈波动，失业率飙升，许多企业濒临倒闭，经济活动几乎陷入停滞。然而，美国政府并没有被眼前的困境所压倒，而是采取了一系列果敢而具有针对性的财政税收政策，通过减税、税收退还与减免以及对关键行业的税收优惠等措施，稳住了市场信心，避免了金融体系的彻底崩溃，并为后续经济复苏打下了坚实基础。

首先，在 2008 年全球金融危机爆发之初，美国政府采取的最为直接且迅速的措施就是实施大规模的减税政策。减税政策是政府通过减少税收来增加企业和个人的可支配收入，刺激消费和投资，进而激发经济增长。在 2008 年 10 月，美国政府提出《经济刺激法案》，其中包括了大规模的个人所得税减免和企业税收减免。这项政策的核心目标是通过减税为企业和家庭释放更多的现金流，从而提升消费和投资需求，进而带动经济的复苏。

具体来说，个人所得税减免的政策旨在直接增加居民的可支配收入，以促使家庭消费。根据美国政府的规定，低收入和中等收入家庭将获得较为可观的税收

退还，这无疑是降低了金融危机对民众生活的负面影响，使得民众在面对经济不确定性时，能够维持相对平稳的消费水平。与此同时，对高收入阶层的减税措施也试图激发他们在不确定环境下的投资活动，尽管这一部分的减税措施效果较为复杂，但总体上，这些减税政策的实施为美国经济注入了一定的活力。

企业减税政策则主要面向商业公司，特别是对那些受到金融危机影响严重的行业。通过减税，政府试图为企业提供更多的资金流动性，增强其抵御风险的能力。例如，企业税率的降低使得公司能够用节省下来的资金进行再投资、扩展生产范围或支付员工薪资，这直接促进了经济活动的恢复。对于一些处于困境中的大公司，政府的减税措施能够缓解其资金短缺的问题，避免了大规模的企业倒闭现象。

然而，减税政策虽然能够在短期内提高企业和个人的现金流，但在面对金融危机这种系统性风险时，减税往往不足以完全激发经济复苏的动力。因此，美国政府还采取了其他措施，如税收退还和减免，以帮助最脆弱的群体渡过难关。2008 年全球金融危机期间，中低收入家庭面临着巨大的收入压力，而税收退还和减免的措施则通过将政府的财政收入直接返还给这些家庭，缓解了他们的生活困境。具体而言，美国政府为这些家庭提供了一笔一次性的税款返还，金额依据家庭收入水平而有所不同。对于收入较低的家庭而言，这笔资金无疑能够帮助他们度过一段艰难的时期，保障了消费的基本稳定。此外，美国政府还实施了减免税收的政策，特别是对那些面临严重破产风险的企业，政府给予了不同程度的税收减免，以帮助它们恢复运营。税收减免的核心目的是减轻企业的负担，避免企业在金融危机中因资金链断裂而倒闭。例如，汽车制造业在危机期间受到了极大的冲击，通用汽车和克莱斯勒等汽车巨头一度面临破产。为了避免这一情况，美国政府提供了税收减免及贷款支持，帮助这些企业保持运营，为美国经济的稳定奠定了基础。

更进一步，政府还通过对某些行业实施特别税收优惠政策，进一步促进了这些行业的稳定与发展。例如，金融机构在 2008 年全球金融危机期间面临巨大的资金压力，许多银行由于坏账增加而陷入困境。政府为这些银行提供了税收优惠，缓解了它们的资金短缺问题，使得它们能够顺利渡过危机，避免了金融体系的全面崩溃。此外，政府还为航空、能源等关键行业提供了类似的支持，以确保这些行业能够继续运作，维持国家经济的基础性运转。

税收政策的实施，虽然短期内加重了政府的财政负担，但从长远来看，却为美国经济的复苏提供了重要支撑。金融危机过后，随着市场逐步恢复信心，消费者和企业的需求回升，税收政策所带来的积极效果逐渐显现。经济复苏的进程虽然漫长且充满不确定性，但减税、税收退还与减免以及税收优惠等政策措施无疑在其中起到了至关重要的作用。

事实上，这些政策的实施不仅有助于避免金融危机的进一步恶化，还为美国后来的经济复苏提供了必要的条件。金融市场的逐步恢复信心使得资本逐渐回流，企业开始重新投资，民众消费信心逐步回升。这一系列的政策措施，虽然不能完全消除金融危机的负面影响，但它们为美国经济提供了必需的缓冲期，也为其他国家提供了一个重要的政策参考。

2008 年全球金融危机中，美国政府的税收政策反映了财政政策在应对经济危机中的重要作用。通过减税、税收退还和减免以及对关键行业的税收优惠等措施，政府成功地稳定了市场情绪，避免了金融系统的崩溃，为后续的经济复苏创造了有利的环境。这些政策虽然在短期内增加了政府的财政压力，但从长远来看，它们为经济的平稳复苏打下了坚实的基础，税收政策在经济危机中起调节和恢复功能。

（二）案例二：我国 2009 年的十大产业振兴规划

2008 年爆发的国际金融危机席卷全球，我国外需市场受到严重冲击，出口增速大幅下降，导致相关产业订单减少、产能过剩，企业生产经营困难，经济增长面临下滑风险，众多产业的生产、销售等环节都受到不同程度的阻碍。

我国部分产业长期存在自主创新能力不强、产业结构不合理、落后产能过剩、资源利用效率低等问题，制约了产业的可持续发展和国际竞争力的提升。如钢铁、石化、有色金属等产业产能过剩问题突出，而高端产品生产能力不足。当时我国经济正处于快速发展阶段，这些产业是国民经济的重要支撑，其稳定发展对于保障就业、促进经济增长、维护社会稳定等方面具有重要意义。制定产业振兴规划，有助于刺激国内需求，稳定产业发展，实现保增长的目标。主要规划内容如下：

第一，一方面，通过实施扩大内需的政策措施，如加大基础设施建设投资、推动消费升级等，拉动国内市场对相关产品的消费需求，如汽车行业通过减征车辆购置税、开展“汽车下乡”等活动，刺激国内汽车消费市场；另一方面，采取调整出口税收政策、支持企业“走出去”等措施，稳定和扩大产品出口市场份额，帮助企业在国际市场上保持竞争力。

第二，政府安排专项资金，支持企业进行技术改造和研发创新，提高产业技术水平和产品质量，增强自主创新能力。例如，设立产业振兴和技术改造专项，鼓励企业研发新产品、新技术，推动产业升级，如钢铁产业加大技术改造力度，提高钢材质量；电子信息产业集中实施六大工程，加快技术研发和产业化进程。

第三，鼓励优势企业开展跨地区、跨所有制的兼并重组，整合产业链资源，优化产业布局，提高产业集中度和企业规模效应，增强企业的市场竞争力和抗风险能力，如钢铁、汽车、装备制造等产业都积极推进企业联合重组，培育大型企业集团。

第四，严格控制新增产能，加快淘汰落后产能的步伐，对高耗能、高污染、低水平的生产装置或生产线予以关停或改造升级，同时加强节能减排工作，推动产业绿色发展，如水泥行业淘汰一批立窑产能，船舶产业加快淘汰老旧船舶等。

第五，注重完善产业配套体系，提高基础零部件、基础工艺、基础材料等配套水平，加强物流、金融、信息等服务体系建设，为产业发展提供有力支撑，促进产业协同发展，如装备制造业加强基础配套件和基础工艺的发展，物流产业通过整合资源、优化布局等措施，提高物流效率和服务质量。

主要规划成效如下：

第一,一系列政策措施有效缓解了企业的经营压力，稳定了生产经营，使相关产业在较短时间内止住了下滑趋势，保持了平稳较快增长，为经济的企稳回升奠定了基础。

第二，加速了产业的技术进步和产品升级换代，提高了产业的整体素质和核心竞争力，使产业发展模式向创新驱动、质量效益型转变，产业结构更加合理，如电子信息产业在技术创新方面取得突破，高端产品的比重有所提高；钢铁、水泥等产业的集中度进一步提升，产业布局得到优化。

第三，政府的支持和引导激发了企业的创新积极性，促使企业加大研发投入，培养创新人才，自主创新能力得到显著增强，一批关键核心技术取得突破，部分产品达到国际先进水平，如汽车产业在新能源汽车、自主品牌等方面的研发创新取得积极进展，推动了汽车产业的转型升级。

第四，产业的稳定发展和升级壮大创造了更多的就业机会，吸纳了大量的劳动力，缓解了就业压力，同时也为社会提供了更加丰富多样的产品和服务，满足了人们日益增长的消费需求，促进了消费市场的繁荣，对扩大内需、促进经济增长形成了良性循环，如轻工业、纺织业等劳动密集型产业的稳定发展，为农民工提供了大量就业岗位。

第五，经过振兴规划的实施，我国相关产业在规模、技术、质量等方面都有了较大提升，国际市场份额稳中有升，在全球产业分工中的地位有所提高，如我国的船舶出口量在全球市场中所占的份额得到了显著提升，我国已成为全球造船大国，并朝着造船强国目标迈进。

（三）案例三：欧债危机中的财政税收政策应对

欧债危机，作为21世纪初全球金融体系中最为严峻的挑战之一，不仅考验了欧盟各国的经济韧性，还迫使各国在财政税收政策上做出严峻的选择与调整。在欧债危机爆发后，欧盟各国面临着如何平衡财政健康与经济增长的巨大困境。欧债危机初期，财政赤字急剧增加，公共债务飙升，许多国家的经济陷入衰退，民众的社会福利需求也急剧增加，这一系列问题使得财政政策和税收政策的调整显得尤为关键。不同国家基于自身的经济状况和政府政策立场，采取了不同的应对策略，其中最为典型的便是增加税收以缩减财政赤字与实施减税刺激经济增长两种政策路径。

以希腊、葡萄牙和西班牙为代表的国家，因其债务负担严重，面临着迫切的财政紧缩压力。这些国家的财政状况较为脆弱，公共债务高企，财政赤字远超欧盟规定的3%的上限。希腊尤为突出，其政府债务在危机爆发前便已超出GDP的120%。为应对急剧上升的公共债务，欧盟要求这些国家采取紧缩措施，实施财政紧缩政策，并在此基础上增加税收，以确保能在短期内平衡预算，避免进一步的债务违约风险。希腊政府采取了提高增值税和个人所得税的措施，这一做法迅速增加了财政收入。具体而言，增值税率从初期的19%上调至23%，个人所得税也实施了分级税率的调整，尤其是高收入群体的税负明显增加。葡萄牙和西班牙在应对财政危机时也采取了类似的增税措施。葡萄牙将增值税提高到23%，西班牙则加大了对富裕阶层和企业的税收征收力度。

然而，这些增加税收的措施在短期内虽然提高了财政收入，但却加剧了经济衰退。税收负担的增加抑制了消费和企业投资，导致了内需不足和社会消费的下降。随着增税措施的推行，民众的生活水平进一步下滑，社会的不满情绪日益高涨。在希腊，连续的抗议活动和罢工事件成为财政紧缩政策的直接后果。面对经济衰退的加剧，银行体系也承受了巨大的压力。投资者对希腊等国的经济前景充满不信任，银行出现了资金外流的现象，部分银行甚至面临倒闭风险。金融市场的不确定性加剧，导致了投资者的避险情绪蔓延，进一步加深了市场的不稳定性。相比之下，德国在欧债危机中采取的财政政策则明显不同。德国经济相对稳健，债务负担可控，因此其政府不需要像南欧国家那样实施大规模的增税和财政紧缩政策。相反，德国政府选择通过税收改革来刺激经济增长，尤其是在企业税方面进行了一系列的优惠措施。这些措施的主要目的是鼓励企业扩大生产规模和增加投资，以增强经济的活力。德国的税收改革通过降低企业所得税、提供税收减免以及其他税收优惠政策，吸引了大量外资的流入，并使国内企业获得了更多的资金支持。这一系列税收改革不仅提升了企业的生产积极性，也有效促进了就业增长和消费的回升。尤其是在汽车制造、化工等行业，德国企业受益于减税政策，生产和销售增长显著，从而增强了整个国家的经济韧性。

德国税收改革的另一重要内容是对金融行业的支持。为了避免金融市场的不稳定性，德国政府通过调整金融税收政策，提供了充足的流动性支持。这一举措在一定程度上缓解了金融机构的压力，并恢复了投资者对德国市场的信心。与希腊等国的经济状况不同，德国经济并未因财政政策的调整而陷入衰退，反而在一定程度上实现了经济复苏。因此，德国的财政税收政策可以被视为相对成功的案例，为欧盟其他成员国提供了一个有益的参考。

尽管各国采取的财政税收政策差异明显，但欧盟成员国之间也进行了相应的协调与合作，以应对共同的财政和金融危机。在危机初期，欧盟各国就财政政策进行了一定程度的协调，以避免各国政策的过度分歧对欧元区的经济稳定产生负面影响。为了更有效地应对危机，欧盟国家联合提出了财政紧缩和经济刺激并行的策略。在此过程中，欧洲中央银行和国际货币基金组织（IMF）发挥了至关重要的作用，提供了多轮的财政援助。这些援助不仅帮助债务国家缓解了财政压力，还为金融市场提供了稳定的资金支持。欧洲央行的货币宽松政策和低利率政策也为危机中的各国经济提供了重要的支撑。

欧盟在财政税收政策上的合作体现了一个相互依赖和互助的机制。为了确保欧元区的金融稳定，欧盟不仅在财政政策上进行协调，还在税收政策上进行了一定的整合。欧洲央行的政策干预帮助缓解了部分国家的财政压力，而IMF的贷款援助则为债务国提供了资金保障。在这一过程中，尽管各国在具体的政策选择上存在差异，但欧盟的整体政策框架为各成员国提供了一个应对危机的共同方向。最终，通过这些措施，欧元区逐步恢复了金融稳定，避免了系统性金融危机的爆发。

欧债危机中各国的财政税收政策应对显示了不同国家在面对共同危机时采取的不同策略和应对方式。对于那些经济相对脆弱、债务负担沉重的国家，增税和财政紧缩成为必需的选择，而对于经济较为稳健的国家，则通过税收改革和财政刺激政策来促进经济复苏。通过财政税收政策的灵活调整和国际合作，欧盟最终成功避免了金融系统的崩溃，并逐步恢复了经济的活力。

欧债危机的应对措施表明，税收政策的制定必须在促进经济增长和金融风险控制之间找到平衡。过度的增税和财政紧缩可能加剧经济衰退，而适度的税收优惠和财政刺激政策有助于保持金融体系的稳定。

财政税收政策在金融风险控制中的作用是深远且多维的。通过对不同时期和不同国家的案例分析可以看出，税收政策作为一种宏观调控工具，在金融危机中能够发挥积极作用。合理的税收政策能够稳定市场预期，缓解企业和金融机构的经营压力，促进产业结构优化，增强金融体系的抗风险能力。

未来，随着全球经济的不断变化和金融市场风险的日益复杂，财政税收政策将在金融风险控制中继续发挥不可或缺的作用。各国政府应根据自身的经济发展状况、金融体系特点以及国际经济形势，灵活运用税收政策，做到精准调控，避免政策过度干预或失当引发新的金融风险。同时，随着全球化和信息化的深入发展，各国税收政策的协调与合作将变得越来越重要。如何在全球范围内实现税收政策的协调统一，避免税基侵蚀和利润转移，成为未来财政税收政策面临的重大课题。在此背景下，加强国际合作、推动全球金融监管体系的完善，将是确保金融稳定和促进经济可持续发展的重要途径。

第七章　金融风险控制的法律与监管框架

第一节　金融风险控制的法律基础

金融风险控制是现代金融体系中的重要组成部分，其核心目标是通过识别、评估和防范各种可能对金融市场、金融机构及经济运行产生重大影响的风险，保障金融系统的稳定与安全。金融风险的控制不仅仅是技术性的问题，更涉及法律制度的建设与执行。在全球化和信息化日益深化的背景下，金融市场的风险控制显得尤为重要，法律作为约束和规范金融活动的工具，其作用不言而喻。本节将从金融风险控制的法律基础入手，分析相关法律制度如何保障金融市场的健康运作，以及金融机构如何在合规框架下有效管理风险。

一、金融风险控制的定义与类型

金融风险控制是指通过一系列的法律、管理、技术手段，预防和缓解金融市场及金融机构面临的各种风险，确保金融市场的稳定和金融系统的安全。这一过程的核心任务是通过构建有效的法律框架和监管机制，防止金融机构和市场暴露于过大的风险中，以避免因风险失控所导致的系统性金融危机。金融风险控制不仅涉及金融机构的监管，涵盖了市场行为的规范，还包括对金融消费者的保护。随着全球经济一体化进程的加速，金融市场和金融产品的复杂性不断提高，金融风险的种类和形式也日益多样化，如何有效地进行金融风险控制成为全球金融体系的重要议题之一。

金融风险的定义和分类至关重要。金融风险是指金融市场和金融机构在运作过程中可能遭遇的、对其资产、盈利能力或经营稳定性产生不利影响的事件或因素。根据不同的风险来源，金融风险可分为多种类型，每种类型的风险具有不同的特征和影响机制，因此在进行金融风险控制时，需要采取针对性的措施。

市场风险是金融风险中的一种重要类型，指的是由于市场价格波动而引发的损失风险。市场风险不仅包括利率风险和汇率风险，还包括股票市场风险、商品价格风险等。在金融市场中，价格波动是普遍存在的，尤其是利率和汇率的波动，这直接影响到金融资产的价值。例如，当利率上升时，债券价格会下降，这对于持有债券的金融机构来说可能带来较大的损失。类似地，汇率波动会影响跨国公司和银行的财务状况，甚至影响到国际贸易中的支付结算。当股票市场发生剧烈波动时，股票投资者和基金经理面临的市场风险也会随之加剧。市场风险通常无法完全避免，因为市场的不确定性总是存在，但可以通过对冲、分散投资等手段进行一定程度的控制和缓解。

信用风险则是指金融机构或其他市场参与者未能履行合同义务，导致的资金损失风险。信用风险是金融机构面临的一个重大问题，尤其是在贷款、债券投资等业务中。金融机构在与客户、合作伙伴进行交易时，始终面临着信用风险。例如，当借款人未能按期偿还贷款时，银行将面临资金的流失，进而可能影响其经营稳定性。信用风险的防控需要金融机构建立健全的信用评估和风险管理体系，通过审慎的信用审批、定期的客户信用评估、风险预警机制等手段，减少信用风险的发生。此外，信用风险的防控还可以通过信用保险、信用衍生工具等手段进行一定程度的转移和分散。

操作风险则是指内部管理不善、系统故障、人员失误等导致的金融风险。这类风险通常难以预测，但它对金融机构的影响可能是巨大的。例如，金融机构的交易系统故障可能导致交易中断，或者由于人员的疏忽，重要的交易信息未能及时记录或处理，造成损失。随着科技的不断发展，金融行业越来越依赖于信息技术和自动化系统，这在提升效率的同时，也带来了更多的操作风险。因此，金融机构需要加强内部控制，提升员工的风险意识和操作技能水平，定期进行风险审计和安全检查，确保操作系统的稳定性和安全性。

流动性风险是金融风险中的另一重要类型，指的是市场参与者或金融机构在需要时无法获得足够资金的风险。在金融市场中，流动性风险主要表现为资金的短缺或无法及时变现的问题。特别是在金融危机或市场动荡时期，许多金融机构可能会面临流动性紧张的局面，无法通过市场获得足够的资金来维持运营。例如，银行的短期借贷利率可能因流动性紧张而急剧上升，导致其融资成本上升，甚至出现资金链断裂的风险。为了有效控制流动性风险，金融机构通常需要保持一定比例的流动资产，并建立灵活的融资渠道。此外，监管机构也应要求金融机构设置流动性风险预警机制，以确保在市场出现突发事件时，金融机构能够及时采取应对措施。

法律风险是金融风险中较为特殊的一类，指的是由于法律环境的不稳定或法律适用的不明确，导致的金融损失风险。在金融活动中，法律和法规的变化往往会对金融机构的经营模式和风险控制产生深远的影响。例如，某些金融产品或交易方式可能由于法律法规的调整而被禁止或限制，从而导致投资者或金融机构遭受损失。法律风险的防控需要金融机构时刻关注相关法律法规的变化，积极与监管机构保持沟通，并在经营过程中遵循合法合规的原则。此外，跨国金融活动中，由于不同国家和地区的法律体系存在差异，金融机构面临的法律风险也更加复杂。国际金融市场中的法律风险控制不仅依赖于国内的法律法规，还需要借助国际法和多边协议的框架，以确保跨国金融活动的合法性和合规性。

以上五种金融风险类型相互交织，且每种金融风险的防控措施具有一定的共性。金融风险控制的基本框架通常包括两个层面：一是预防性措施，二是应对性措施。预防性措施主要通过法律法规的制定和完善、金融机构内部管理制度的建设等手段，在金融活动发生之前，尽可能降低风险的发生概率。应对性措施则是在金融风险发生后，及时采取有效措施进行应急处置，减少风险带来的损失。金融风险的防控离不开政府、监管机构、金融机构和市场参与者的共同努力。政府和监管机构需要通过制定和实施有效的监管政策，确保金融市场的稳定和金融体系的健康运作；金融机构则需要建立健全的风险管理体系，增强自身的风险抵御能力；市场参与者也应当增强风险意识，采取合理的风险控制策略，避免盲目追逐高收益而忽视潜在的风险。

随着金融市场的全球化，金融风险的跨国性和复杂性日益增加，单一国家的法律体系往往难以应对跨境金融风险的挑战。因此，国际法律框架的建设和国际合作的加强成为金融风险控制的重要议题。国际金融监管机构如国际货币基金组织、世界银行等，已经开始在全球范围内推动金融监管合作，制定一系列国际标准和协议，以促进各国在金融监管方面的协调与合作。此外，随着跨国金融活动的增多，跨境资本流动和金融产品的创新也使得金融风险控制变得更加复杂。不同国家在法律、监管、市场结构等方面的差异，使得跨国金融风险控制面临诸多挑战。如何通过国际合作和法律框架的完善，实现对跨国金融风险的有效控制，成为全球金融监管领域的重要任务。

金融风险控制是一个多层次、多维度的复杂问题，涉及的风险类型繁多，防控措施和策略也需要根据具体情况灵活调整。在现代金融体系中，金融风险控制不仅仅是一个技术性的问题，更是一个涉及法律、管理、政策等多方面的综合性课题。随着金融市场的不断发展和全球化进程的推进，金融风险控制的难度和挑战也不断增加，如何通过有效的法律手段和监管措施，保持金融市场的稳定，确保金融体系的安全，已经成为全球金融领域的共同目标。

二、金融风险控制的法律体系

金融风险控制的法律体系是由多个层次的法律、法规以及政策所构成。该体系不仅包括国内的法律法规，还涉及国际金融法律的框架。其主要构成包括以下几点。

（一）国内法律体系

1. 金融监管法

金融监管法是金融机构经营行为的基本法律框架。金融监管的核心目标是确保金融机构的健康运行与市场秩序的稳定。我国的《中华人民共和国商业银行法》《中华人民共和国证券法》《中华人民共和国保险法》等金融相关法律为金融风险控制提供了法律依据。金融监管法通过设定金融机构的基本职责与义务，要求其在市场运作中保持透明度、诚实守信，并防范信用风险、市场风险等潜在风险。

2.《中华人民共和国反洗钱法》

随着金融市场的国际化，洗钱活动日益成为金融风险的重要组成部分。我国的《中华人民共和国反洗钱法》规定了金融机构在进行金融交易时应当加强对客户身份的识别和交易的监控，防范洗钱活动对金融市场的冲击。该法律不仅要求金融机构严格履行客户身份验证程序，还规定了对可疑交易的报告义务，确保金融系统不被非法资金滥用。

3.《中华人民共和国公司法》与《中华人民共和国证券法》

《中华人民共和国公司法》和《中华人民共和国证券法》也与金融风险控制密切相关。通过规范金融市场的行为，限制不当的融资活动及市场操控行为，这些法律对金融市场的稳定起到至关重要的作用。特别是《中华人民共和国证券法》，在防范市场操控、内幕交易等金融市场风险方面提供了法律依据。

4.《中华人民共和国消费者保护法》

金融消费者保护也是金融风险控制的重要方面。《中华人民共和国消费者保护法》主要通过设立金融消费者保护机制，防止金融机构通过不当手段侵犯消费者权益，从而导致金融风险的蔓延。此类法律保障金融服务的公正性、透明性，并对金融产品进行规范，确保消费者在金融交易中免受欺诈行为的侵害。

5. 金融市场法律

此外，金融市场的法律制度同样在金融风险控制中起到重要作用。金融市场法对交易规则、市场秩序、投资者保护等方面做出具体规定，旨在通过法律手段规范市场行为，防止市场失灵和风险积累。

（二）国际金融法律框架

随着全球化进程的推进，金融市场日益成为全球范围内的网络化市场。金融风险的跨国流动性要求国家之间在金融风险防控方面建立统一的法律标准和合作机制。以下是主要的国际金融法律框架。

1. 巴塞尔协议

作为国际银行监管的重要依据，巴塞尔协议主要是对银行资本充足性、风险管理和监管框架提出具体要求。巴塞尔协议的出台使全球银行体系在风险控制方面获得了统一标准，尤其是在资本充足率、流动性风险管理以及市场风险控制等方面，对全球金融市场的稳定性产生了深远影响。

2. 金融稳定委员会（FSB）

FSB 致力于促进全球金融市场的稳定与合作，推动各国加强金融监管力度，防止金融市场的系统性风险。FSB 的政策建议和报告在全球范围内对金融风险控制起到了重要指导作用。

3. 国际货币基金组织与世界银行

国际货币基金组织和世界银行通过提供金融支持、技术援助以及政策建议，帮助各国改善金融监管制度，推动国际的金融风险控制合作。尤其是在金融危机后的全球经济复苏过程中，IMF 与世界银行发挥了重要作用。

4. 金融行动特别工作组（FATF）

金融行动特别工作组通过设定反洗钱和反恐融资的国际标准，推动成员国和金融机构加强风险防控措施。FATF 的工作重点是增强金融机构的尽职调查能力，以防止洗钱和恐怖融资活动的蔓延。

5. 跨国金融合作协议

全球范围内的金融监管机构通过签订跨国金融合作协议，进一步加强了各国在防范跨境金融风险方面的合作。这些协议涵盖了金融监管、信息共享、风险预警、危机处理等方面，旨在削弱国际金融市场风险的传播效应。

三、金融风险控制法律机制的实施

金融风险控制法律机制不仅仅停留在法律文件的层面，关键在于其执行和实施的有效性。金融法律的实施需要依赖于强有力的监管机构和系统性的法律执行框架。在实际操作中，金融风险控制法律机制的实施主要体现在以下几个方面：

（一）金融监管机构的作用

金融监管机构是金融风险控制的执行者和监管者。我国的金融监管机构包括我国人民银行、我国银保监会、我国证监会等多个部门，这些机构共同构成了国家金融监管体系。金融监管机构通过制定监管政策、发布监管通知、开展风险评估等方式，确保金融市场的健康发展，并在出现金融风险时能够及时介入，避免风险的扩散和蔓延。

（二）金融法律的执行与司法保障

金融法律的执行离不开司法机关的支持。金融纠纷、金融犯罪等问题需要通过司法程序来解决，这就要求法院系统具备处理复杂金融案件的能力。此外，金融市场的违法行为也需要依靠有效的司法审判，确保市场秩序不被破坏。

（三）金融机构的合规管理

金融机构是金融法律实施的主体。金融机构应根据法律规定，建立完善的合规管理体系，对员工、客户以及业务进行规范管理，确保金融活动的合法性与合规性。同时，金融机构应当定期对其风险控制系统进行评估与调整，确保在复杂多变的市场环境中能够及时发现并应对潜在风险。

金融风险控制的法律基础是多层次、多维度的，它不仅包括国内外的法律体系，还涉及金融市场监管、金融机构合规管理等方面的协同作用。随着金融市场的不断发展和金融创新的加速，金融风险控制的法律框架需要不断完善，以应对日益复杂的金融风险。通过加强法律制度的建设，确保金融市场的稳定与安全，不仅是国家经济发展的需求，也是全球金融合作的共同目标。

第二节　金融风险控制的监管体系

一、金融风险控制的概念与背景

金融风险控制是指在金融市场和金融机构的运营中，通过各种手段和措施，识别、评估、监测、预防以及应对可能对金融市场、金融机构以及经济系统产生不利影响的风险。随着全球化经济的发展与金融创新的推进，金融风险日益复杂，金融市场波动性增加，这使得金融风险控制的需求愈发紧迫。金融危机、金融诈骗、市场失灵等事件都直接或间接导致了经济体系的不稳定，甚至引发了全球范围内的金融动荡。因此，构建科学、合理且高效的金融风险监管体系，不仅是维护金融市场稳定、保障经济安全的必要手段，也是推动经济可持续发展的关键。

（一）金融风险控制的重要性

金融风险控制的重要性在于其可以有效降低金融市场及金融机构的风险暴露，防范金融危机的发生，保证经济的平稳运行。首先，金融风险控制能够增强金融机构的风险承受能力，提升金融系统的抗压能力。通过科学的风险管理，可以实现对金融市场波动的预警与应对，从而降低突发金融风险带来的损失。其次，金融风险控制对投资者、消费者和社会的信心至关重要。合理的风险控制可以增强市场的透明度，提升市场的整体运行效率，进而促进金融资源的合理配置与流动。最后，金融风险的有效控制对于国家经济安全也具有重要意义。通过加强金融监管，能够防止金融系统性风险的蔓延，减少金融危机的发生概率，确保金融系统在突发事件中的稳定性。

（二）金融风险控制的目标

金融风险控制的核心目标是通过制度化、规范化的手段，构建一个有效的风险管理框架，最大限度地减少金融活动中的风险，并确保金融市场、金融机构的正常运转。具体而言，金融风险控制的目标包括以下几个方面。

1. 风险预防

通过前瞻性和预警机制，识别潜在的金融风险因素，提前做好风险防控措施，避免风险的发生。

2. 风险监控与评估

对金融市场、金融机构以及金融工具的风险进行实时监控与评估，及时发现潜在的风险，确保金融活动在可控范围内进行。

3. 风险分散与转移

通过有效的风险分散手段，将单一风险分散到多个市场或金融产品中，从而降低个别风险因素对整体金融体系的影响。此外，还可以通过保险、期货等金融工具实现风险转移。

4. 风险应对与化解

当金融风险发生时，及时采取应对措施，采取有效的手段对风险进行化解，降低风险对金融市场及社会经济的负面影响。

二、金融风险监管体系的构成要素

金融风险监管体系是通过国家监管机构、金融行业协会以及金融机构等多方合作，制定和实施的风险管理框架。金融监管体系的核心在于通过不同层次的监管机制，确保金融市场的稳健运行与金融机构的合规经营。金融风险监管体系主要由以下几个构成要素组成：

（一）监管机构的设置与职能

金融风险的监管首先依赖于监管机构的有效职能。金融监管机构通常由中央银行、金融监管委员会、证券监管机构以及保险监管部门等构成。在不同的金融市场和金融产品中，监管机构的职能略有不同，但普遍包含以下几个方面：

1. 风险识别与监控

监管机构需要及时对金融市场、金融产品、金融机构的风险状况进行评估，并采取相应的监控措施。例如，中央银行需要监测宏观经济指标，如通货膨胀、货币供应量等，防止金融泡沫的产生；证券监管机构则需关注资本市场的透明度与公平性，避免股市操纵行为。

2. 金融产品与服务的合规监管

监管机构需要确保金融产品和服务符合国家法律法规与行业规范，并采取措施防范金融欺诈、非法集资等行为。这通常包括对金融产品的审查、对金融服务商的资质审核等。

3. 资本充足率和流动性管理

金融监管机构对金融机构的资本充足率、流动性水平等方面进行严格监管，要求金融机构保持足够的资本缓冲和流动性，以应对可能的金融危机。

4. 金融市场稳定性

监管机构需要通过采取宏观审慎政策，维护金融市场的整体稳定。这包括通过政策调整来应对金融市场的波动、通过危机预警机制来提前应对潜在的系统性风险。

（二）金融机构的责任与义务

金融机构作为金融市场的主体，其在金融风险控制中发挥着至关重要的作用。金融机构包括银行、证券公司、保险公司、基金公司等，各类金融机构的风险管理职责不尽相同，但总体而言，金融机构的责任与义务可概括为以下几个方面：

1. 风险识别与内部控制

金融机构应建立健全的风险管理体系，及时识别各种可能的金融风险，并制定内部控制政策，确保自身经营活动合规、稳健。这包括市场风险、信用风险、操作风险等各类风险的识别与防范。

2. 资本管理与合规经营

金融机构应确保其资本充足率符合监管要求，并遵守相关的监管规定，防范超额杠杆、盲目扩张等行为的出现。这不仅是金融机构的经营责任，也有助于维护金融市场的稳定性。

3. 风险转移与分散

金融机构通过资产配置、风险对冲等手段，将单一风险分散到多个领域或资产类别，降低整体风险暴露。例如，银行可通过购买金融衍生品对冲信贷风险，证券公司可通过多样化投资组合分散市场风险。

4. 信息披露与透明度

金融机构需要定期披露财务状况、经营成果及风险管理情况，提高透明度，增强市场信任度。这有助于金融市场的有效监管，并增强投资者的风险识别能力。

（三）金融市场的法律与制度保障

金融风险控制不仅依赖于监管机构和金融机构的作用，还需要依靠完善的法律和制度保障。法律框架为金融市场提供了运行规则，并通过立法和司法体系为金融风险控制提供支持。以下是金融市场法律与制度保障的几个关键方面：

1. 法律框架的建设

政府通过制定金融相关法律，如《中华人民共和国证券法》《中华人民共和国商业银行法》《中华人民共和国保险法》等，为金融市场和金融机构的行为提供法律依据。这些法律规定了金融机构的合规要求、市场行为的规范以及投资者的合法权益保护。

2. 信息披露与透明度

金融市场的法律体系通常要求金融机构公开财务报告、风险披露及经营活动，确保市场信息的透明和公正。这不仅有助于市场参与者做出理性决策，还能加大监管机构的监督力度。

3. 监管体系的完善与创新

随着金融创新的不断发展，传统的金融监管体系面临越来越多的挑战。因此，我们需要不断创新监管制度，强化对金融衍生品、金融科技等新兴领域的监管。通过修订法律法规，完善金融风险的监管框架，确保金融市场的长期稳定。

4. 跨境监管合作

在全球化的背景下，金融市场的风险不仅局限于一个国家或地区，因此，各国之间需要加强金融监管合作，特别是在反洗钱、打击金融犯罪等方面，形成统一的监管规则和应对机制。

三、金融风险监管体系面临的挑战与发展趋势

尽管当前的金融风险监管体系已经取得了显著进展，但随着金融市场的复杂性与全球化发展，仍然面临诸多挑战。主要挑战包括以下几点。

1. 金融创新带来的监管滞后

随着金融产品和服务的创新，传统的金融监管体系往往存在滞后性，导致一些新型风险未能被及时识别和应对。

2. 跨境监管的困难

在全球化的金融体系下，金融风险往往呈现跨境传播的特点，这就要求国际进行更深入的合作和协调。然而，跨国监管合作仍面临法律差异、信息共享等方面的障碍。

3. 金融市场的不确定性与波动性

金融市场的极端波动性和不确定性，使得监管者难以准确预判市场的走势，增加了金融风险的管理难度。

未来，金融风险监管体系的发展将趋向更加智能化与综合化，依托大数据、人工智能等技术，增强对金融市场动态的实时监控与风险预警。同时，跨国监管协作将成为全球金融市场稳定的重要保障。

第三节 金融风险控制的国际合作与协调

金融风险控制已经成为全球经济治理中的重要议题，尤其是在金融全球化和市场联动性日益增强的今天。各国金融市场的深度融合与互动，使得一个国家的金融风险很容易通过市场传递到其他国家，形成跨国的系统性风险。因此，国际的合作与协调在防范和化解全球金融风险方面具有至关重要的作用。本节将详细探讨金融风险控制的国际合作与协调，从以下几个方面进行分析。

一、全球金融体系的脆弱性与风险扩散

（一）全球化背景下的金融风险

全球金融体系的脆弱性，主要体现在两个方面。首先，金融市场的高度开放和资本的自由流动使得各国金融机构之间的风险暴露程度显著增加。全球资本市场的联系紧密，一国的金融风险往往会通过各种渠道迅速扩散至其他国家和地区。其次，国际金融监管体制的不完善以及跨国金融机构的监管差异，使得风险的监管难度加大，给全球金融体系带来了潜在的系统性风险。例如，2008 年全球金融危机就是由于美国次贷危机引发的金融风险，最终波及全球，导致全球范围内的经济衰退。

（二）金融风险的跨国传播机制

金融风险的跨国传播机制可以通过以下几种途径进行阐述。首先，金融市场的联动效应是风险传播的主要渠道。当一个国家或地区的金融市场出现问题时，由于投资者的行为是全球化的，资金流动性强，往往会引发全球范围内的资金大规模流动和市场波动。其次，金融机构的跨国业务也是风险传播的重要途径。随着全球化进程的推进，大型跨国银行和金融机构在全球范围内的业务拓展，使得这些机构在多个国家和地区的投资和负债承担了大量风险。其次，金融产品的复杂性也是金融风险扩散的重要原因。随着金融创新的推进，各种复杂的衍生品和

结构性金融产品不断涌现，这些产品的风险难以准确评估，且往往存在跨国的联系，因此其潜在的风险也易于扩散。

二、国际金融监管的框架与合作机制

（一）国际金融监管的现状与挑战

随着金融市场的全球化，国际的金融监管合作已经成为有效控制金融风险的重要手段。目前，国际金融监管体系尚处于不断完善的过程中，虽然已有一些国际监管框架和协议（如巴塞尔协议等）在一定程度上起到了国际监管合作的作用，但依然存在诸多挑战。首先，不同国家和地区的金融监管体制差异较大，导致金融监管缺乏统一性和协调性。例如，欧美国家的金融监管较为严格，而一些发展中国家则由于其金融市场的脆弱性和监管能力的不足，容易成为全球金融风险的传播源。其次，金融科技的快速发展给国际监管带来了新挑战，传统的监管手段难以应对数字货币、区块链技术等新兴金融工具的风险，这要求各国加强合作，提升监管创新能力。

（二）巴塞尔委员会与国际金融监管

巴塞尔委员会作为全球金融监管领域的重要机构，制定了多项国际监管框架，旨在通过加强国际合作，提升金融风险控制的能力。巴塞尔协议是全球金融监管的重要协议，涵盖了资本充足率、流动性管理和市场风险等多个领域。巴塞尔协议 III 更加强调了金融机构的资本充足率和流动性管理，力求在全球范围内建立起一个更为严格的金融风险监管框架。

巴塞尔协议的实施不仅有助于提升金融机构的稳健性，还促进了各国监管政策的协调一致。例如，2010 年出台的巴塞尔协议 III 规定了金融机构必须保持较高的资本充足率，进一步加强了对系统性风险的管控。此外，巴塞尔委员会还提出了宏观审慎政策的概念，强调通过跨国合作识别和防范系统性风险。

（三）国际货币基金组织与全球金融稳定

国际货币基金组织作为全球金融体系的重要监管机构，其职责不仅限于提供资金援助，还涉及全球金融稳定的维护。IMF 通过监控成员国的金融稳定性，提供政策建议，并向各国政府提供财政和货币政策的支持，帮助它们应对金融危机。

此外，IMF 还在 2008 年全球金融危机期间发挥了协调作用，通过向成员国提供紧急贷款，缓解了金融市场的恐慌情绪。

IMF 在全球金融稳定方面的作用不可忽视。通过与各国政府和中央银行的合作，IMF 能够及时发现并应对金融风险，防止局部危机蔓延为全球性危机。IMF 的监测机制和政策建议可以帮助各国改善金融监管框架，从而降低全球金融风险的传染性。

三、金融风险控制的国际合作模式

（一）跨国监管机构的合作

为了有效控制全球金融风险，跨国监管机构之间的合作是必不可少的。在过去的几十年里，国际金融监管机构已逐步建立了多层次的合作机制。这些合作不仅限于信息共享，还包括制定统一的监管标准和协调应对金融危机的行动。例如，金融稳定委员会就是在 G20 的框架下成立的一个跨国监管机构，旨在通过全球范围内的合作，促进全球金融稳定。FSB 的工作主要集中在系统性金融风险的识别、预警和防控，尤其是在全球金融市场发生剧烈波动时，FSB 通过协调各国监管机构的应对措施，防止金融危机的蔓延。

（二）区域性金融监管合作

除了全球性的金融监管机构，区域性的合作机制也在金融风险控制中扮演着重要角色。例如，欧洲银行管理局和亚洲金融合作组织等区域性金融监管机构，通过协调成员国的监管政策和共享金融稳定信息，帮助解决地区性金融风险问题。

区域性金融监管合作机制的优势在于它能够根据区域内经济体的特点，制定更为灵活和有效的金融监管措施。同时，区域性合作也有助于加强各国间的信任和合作，提升金融风险的预警能力和应对能力。

（三）公共 – 私营部门的合作

金融风险控制的国际合作不仅仅局限于政府间的合作，公共 – 私营部门的合作也在金融风险的防范中起到越来越重要的作用。通过加强政府与金融机构之间的合作，可以实现信息共享和风险共同防控。金融行业的自律机制也是金融风险控制的重要组成部分，尤其是在监管难以覆盖的领域，金融机构的自我监管和行业标准化管理有助于减少潜在风险。例如，国际银行业监管委员会和国际保险监督协会等行业组织，通过推动行业自律和标准化，帮助成员国建立有效的风险管理框架，从而提升全球金融体系的稳定性。

四、未来展望：加强国际合作，推动金融风险防控的全球治理

随着金融市场的不断发展，金融风险的管理和防控将面临更为复杂的挑战。未来，国际合作的深度与广度将进一步加强，各国将更加重视金融市场的透明度、金融监管的协调性以及金融科技带来的新风险。国际金融风险的控制不仅仅是一个国家的责任，而是全球治理的共同任务。

（一）全球监管标准的进一步统一

为了应对日益复杂的金融风险，未来全球金融监管框架需要进一步加强标准化，特别是在金融科技和数字货币的监管上，国际需要达成一致的监管规则，避免因监管分歧而导致风险转嫁。

（二）跨国金融危机的快速应对机制

面对突发的全球金融危机，国际的快速响应机制将是关键。通过建立更加高效的应急响应机制，可以降低金融危机蔓延的风险，帮助各国更好地应对全球金融市场的不确定性。

（三）加强金融科技的全球监管

随着金融科技的快速发展，未来金融风险的控制将面临更多新挑战。国际需要加强在金融科技领域的监管合作，尤其是在数字货币、区块链等新兴领域，确保这些新兴技术的健康发展，并有效避免其潜在风险对全球金融体系的冲击。

金融风险控制的国际合作与协调是全球金融稳定的重要保障。通过建立多层次的国际合作机制，各国可以更有效地识别、评估和应对金融风险，降低全球金融危机的发生概率。

第四节　金融风险控制的法律与监管

一、中国金融风险的法律监管

我国金融市场近年来快速发展，金融风险的监管体系也在不断完善。我国的金融监管体系主要包括中央银行、银保监会、证监会等多个机构，并且与国际金融监管体系接轨，形成了适应我国市场特点的监管模式。

（一）我国金融监管法律体系的建立与完善

我国的金融监管体系建立较晚，但随着金融市场的开放和金融创新的加速，金融监管逐步走向成熟。我国加强了金融法律体系的建设，例如《中华人民共和国金融法》和《中华人民共和国证券法》的相继出台。

（二）金融监管的改革与创新

我国在金融监管方面的改革非常注重与国际接轨，同时也强调针对国内市场特点的创新。比如，我国实施了金融科技监管，加大了对互联网金融、P2P 借贷平台等新兴金融领域的监管力度。

二、案例分析

（一）案例一：2008 年全球金融危机的监管失败

1. 背景分析

2008 年全球金融危机是现代金融史上最为严重的一次危机，其深刻的影响至今仍在全球范围内波及。2008 年全球金融危机的爆发源于美国房地产市场泡沫破裂，而金融机构的过度杠杆化、无序监管以及复杂的金融衍生品等因素加剧其爆发。

2. 监管失误的原因

尽管早在危机爆发之前，部分监管机构和学者就提出了金融市场中存在的风险，但全球金融监管体系并未及时做出有效的应对措施。具体原因包括金融创新的快速发展超出了传统监管框架的适应能力；金融机构过度依赖复杂的衍生品，忽视了潜在的风险；监管机构的监管不到位，特别是在美国和欧洲，金融市场的监管体系过于松懈，未能有效监控系统性金融风险。

3. 危机后的监管改革

金融危机之后，全球范围内加大了对金融市场的监管力度，推动了巴塞尔协议 III 的出台，强化了资本充足率、流动性要求和系统性风险监管等方面的措施。此外，美国也实施了《多德－弗兰克法案》，加大了对金融机构的监管力度，特别是大银行和系统性重要金融机构的监管。

（二）案例二：中国股市的“熔断机制”问题

1. 背景分析

2016 年 1 月，我国股市在实施熔断机制的首日便出现了暴跌，触发了市场的多次熔断，导致股市在短期内急剧下跌，引发了广泛的讨论。熔断机制是指当股市指数跌幅达到一定程度时，自动暂停交易，从而避免市场进一步恐慌。

2. 监管问题的暴露

我国股市的熔断机制问题暴露出市场监管的不完善：熔断机制的设计过于激进，短期内的暂停交易可能反而加剧了市场恐慌情绪；政府和监管机构未能充分考虑市场情绪和国际市场联动的风险；市场监管的透明度和规则的清晰性有待进一步改进。

3. 监管改革与调整

熔断机制的失败导致我国监管机构迅速进行调整。中国证监会在 2016 年 1 月发布通知，暂停熔断机制，进一步反思金融市场的监管问题。同时，金融市场监管加大了对投资者行为的引导力度，特别是对股市短期波动的应对策略。

（三）案例三：P2P 网贷行业的风险监管

1. 背景分析

我国的 P2P 网贷行业在 2010 年左右迅速崛起，吸引了大量的投资者和借款人。然而，随着行业的扩张和监管的滞后，P2P 网贷平台出现了大量的资金池、虚假借款和诈骗行为。许多投资者因此遭受了重大损失。

2. 监管失误

P2P 网贷行业的监管问题暴露出多个方面的缺陷：监管空白，部分地方政府和金融监管机构未能及时出台相关政策进行约束；部分平台无序扩张，甚至参与非法集资活动；投资者的风险意识薄弱，缺乏有效的风险防范措施。

3. 监管加强与治理

自 2016 年以来，我国加大了 P2P 网贷行业的监管力度，逐步出台了多项政策，例如《网络借贷信息中介机构业务活动管理暂行办法》，对网贷平台的运营模式、信息披露、借款人资质等方面进行严格管理。同时，针对平台暴雷和资金池问题，加大了对违法平台的打击力度，保障了投资者的利益。

金融风险的法律与监管不仅仅是一个技术性问题，更是涉及经济政策、市场秩序和社会信任等多个层面的复杂问题。从 2008 年全球金融危机到中国股市的熔断机制，再到 P2P 网贷行业的监管失误，金融风险管理中的法律和监管经验教训值得深思。未来，金融监管将更加注重跨国合作、信息共享和创新监管机制的构建，致力于提高金融市场的透明度和抗风险能力。在全球金融市场日益开放和复杂化的背景下，只有完善的法律与监管框架才能有效遏制金融风险，维护市场的稳定与安全。

第八章　金融风险控制的技术创新与应用

第一节　技术创新的作用

随着全球经济的不断变化，金融市场的复杂性和不确定性也日益增加。金融风险管理作为保障金融体系稳定和安全的重要组成部分，面临着前所未有的挑战。在这一过程中，技术创新成为有效应对金融风险的关键手段。本节将详细探讨技术创新在金融风险控制中的作用，分析其如何通过提升风险预测、风险监控、风险应对等环节的能力，助力金融行业实现更加稳健的运营。

一、技术创新在金融风险控制中的重要作用

在传统的金融风险管理模式下，风险评估和控制通常依赖人工经验和基于历史数据的统计分析。然而，随着金融市场的复杂度不断提升，单靠传统手段已无法应对日益增多和复杂化的风险因素。技术创新不仅推动了风险管理方法的革新，也为风险控制提供了新的视角和手段，使得风险管理更加精准、实时和动态。

（一）技术创新提升了风险识别的准确性

在金融风险控制的过程中，第一步是准确识别风险。传统的风险识别往往依赖于人工判断和经验积累，这容易受到主观因素的干扰，也难以实时更新数据和预警信息。随着人工智能、大数据分析和机器学习等技术的发展，金融机构能够通过对海量数据的处理和深度挖掘，更加精确地识别潜在的风险因素。例如，人工智能可以通过模式识别技术，实时监测市场的波动和资金流向，快速发现市场中的异常波动，及时识别出潜在的系统性风险。大数据技术能够处理不同来源的数据，如市场数据、社交媒体信息、宏观经济数据等，综合分析各种因素，从而

更全面地识别风险。

（二）技术创新促进了风险预测的前瞻性

金融风险管理的核心不仅仅是识别当前的风险，更重要的是能够预测未来可能出现的风险，并采取相应的预防措施。传统的风险预测方法往往基于历史数据和线性模型，预测结果难以准确反映复杂的市场动态。而技术创新尤其是大数据分析和机器学习技术的发展，使得金融机构能够从多个维度对未来的风险进行预测，提升了风险管理的前瞻性。

通过利用机器学习模型，金融机构能够通过历史数据训练预测模型，识别潜在的市场波动趋势，预测未来的风险事件。例如，基于深度学习的模型可以在数秒内处理成千上万条数据，识别出金融市场中的复杂模式，预测市场的涨跌情况，从而提前做出风险预警。基于大数据技术的风险预测能够在海量数据中提取出有价值的信息，并对潜在风险进行多角度、多层次的分析。

（三）技术创新加强了风险监控的实时性

金融市场的快速变化要求金融机构能够实时监控市场动态，及时应对各种突发风险事件。传统的风险监控模式往往依赖人工手动监控，效率较低，难以应对瞬息万变的市场环境。而技术创新，尤其是实时数据分析和人工智能技术的应用，极大地提升了风险监控的实时性和自动化程度。通过利用大数据流技术，金融机构可以实时获取市场、行业以及公司层面的数据，进行动态监控。当市场发生异常波动时，技术手段能够立刻识别并发出预警，提醒相关部门采取措施。例如，在股市中，机器学习算法可以实时监控股票价格波动、资金流向以及其他影响市场的因素，一旦出现异常波动，就能够及时发现并进行风险预警。这种实时监控机制极大提升了金融风险管理的反应速度，减少了风险发生后对金融机构的影响。

（四）技术创新促进了风险应对的智能化

金融风险管理不仅需要识别和预测，还需要能够有效应对各种复杂的风险情况。传统的风险应对手段往往依赖人工决策，难以做到快速、精准、灵活。而技术创新使得风险应对策略可以通过智能化系统进行优化和自动化执行，提高了应对效果和效率。例如，基于人工智能的风险应对系统，我们可以通过分析当前的市场环境、历史数据以及其他相关因素，自动生成最优的应对方案。在风险事件发生时，系统可以根据预设的规则，自动采取相应的防范措施，如调整投资组合、改变资金流向等，从而有效降低风险对金融机构的影响。智能化应对系统还可以通过持续学习，不断优化应对策略，提升风险管理的能力。

（五）技术创新推动了金融风险管理模式的转型

随着技术的不断进步，金融风险管理模式也发生了深刻的变革。传统的风险管理模式多依赖于后期的人工干预，而现代金融机构则通过数字化和自动化技术实现了风险管理的主动化和智能化。技术创新不仅改变了金融风险管理的工具和方法，也促使金融机构在风险管理中的角色发生了转变。

现代金融风险管理模式强调数据驱动和技术驱动，金融机构不仅仅被动应对风险，更需要通过技术手段主动发现风险、预测风险，并采取措施加以规避。这一转型不仅提升了金融机构的风险管理能力，也使得金融风险控制变得更加灵活和高效。

二、技术创新的具体应用

技术创新在金融风险控制中的应用已经渗透到各个方面，以下几个领域展示了技术创新在金融风险控制中的具体应用。

（一）人工智能在金融风险控制中的应用

人工智能（AI）技术在金融风险控制中的应用非常广泛，尤其在风险预测、风险监控和智能化应对方面。通过机器学习、深度学习等技术，人工智能能够处理海量数据，识别复杂的风险模式，提升金融机构对风险的感知和应对能力。例如，在信用风险管理中，人工智能可以通过分析借款人的历史信用记录、交易行为等信息，评估其未来的信用风险。基于深度学习的模型，我们可以从历史数据中了解到潜在的风险因素，准确预测借款人违约的概率，从而为金融机构提供更加精准的信用风险评估。人工智能还能够通过实时监控市场的变化，及时发现异常波动，向金融机构发出预警。

（二）大数据技术在金融风险控制中的应用

大数据技术在金融行业的应用已经成为趋势，尤其在风险识别、风险预测和风险评估方面，大数据技术具有不可替代的优势。金融机构可以通过整合不同来源的大数据，进行多维度、多层次的风险分析，提升风险管理的精度和效率。例如，在市场风险控制中，大数据技术可以帮助金融机构整合股市、债市、外汇市场等多个领域的数据，分析不同市场之间的关联关系，识别潜在的系统性风险。在信用风险管理中，大数据技术可以通过分析借款人的社交媒体数据、消费记录等非传统数据源，为信用评估提供更多维度的信息，从而提高风险评估的准确性。

（三）区块链技术在金融风险控制中的应用

区块链技术因其去中心化和不可篡改的特性，逐渐成为金融风险控制中的重要工具。区块链技术可以有效提升金融交易的透明度，降低金融欺诈和操作风险。例如，在跨境支付和清算过程中，区块链技术能够通过去中心化的账本记录交易信息，减少第三方机构的介入，从而降低交易成本和风险。区块链技术还可以通过智能合约，实现自动化的风险控制机制，在交易达成时自动执行预设的风险防范措施，降低违约风险。

三、技术创新面临的挑战与展望

尽管技术创新在金融风险控制中取得了显著的成果，但仍面临一些挑战。首先，技术创新带来的数据隐私和安全问题亟待解决。其次，技术创新的实施成本较高，尤其对于一些中小型金融机构而言，如何在保证风险控制效果的同时降低技术实施成本也是一大难题。

展望未来，随着技术的不断发展，金融风险控制将迎来更加智能化和精细化的管理模式。金融机构将更加依赖技术手段进行风险识别、预测、监控和应对，同时，技术创新也将推动金融风险控制模式的进一步转型，促使金融行业向更加稳健和高效的方向发展。

第二节　技术创新的应用实践

金融风险控制是现代金融体系中至关重要的一环。随着金融市场的日益复杂化以及全球化趋势的不断加剧，传统的金融风险控制方法已经难以应对日益变化的市场环境。技术创新的快速发展，特别是信息技术、人工智能、大数据等技术的应用，为金融风险控制提供了新的解决方案。这一节将深入探讨技术创新在金融风险控制中的具体应用实践，重点讨论如何通过先进的技术手段提升金融风险控制的精准性和有效性。

一、信息技术在金融风险控制中的应用

（一）大数据技术的应用

大数据技术在金融领域的应用已经成为风险控制中的核心工具。金融机构通过对海量的交易数据、市场数据以及客户行为数据进行收集和分析，可以更精准地识别潜在风险。大数据技术不仅能够帮助金融机构对市场变化做出快速反应，还能通过深度学习识别隐藏在表面之下的潜在风险。在具体应用实践中，大数据技术主要体现在以下几个方面：

1. 风险预测与识别

金融机构通过对历史数据的积累和挖掘，利用大数据分析模型，可以识别出潜在的信用风险、市场风险等。例如，银行可以通过分析客户的历史交易数据和信用行为，预测客户未来可能出现的违约行为，从而提前采取预防措施。

2. 市场波动分析与实时监控

利用大数据技术，金融机构可以实时监控市场波动情况，评估市场风险。通过对股市、债市、外汇市场等多个市场的数据进行集成分析，银行和投资机构能够及时掌握市场动态，并在出现市场异常波动时迅速做出反应。

3. 行为分析与欺诈检测

大数据技术还被广泛应用于对金融欺诈的检测与防范。通过分析客户的交易行为，金融机构能够发现不寻常的交易模式，及时识别潜在的欺诈行为。例如，利用大数据技术分析信用卡交易记录，能够准确识别出信用卡被盗刷的风险。

（二）云计算在金融风险控制中的应用

云计算作为现代信息技术的重要组成部分，在金融风险控制中的应用逐渐受到重视。云计算能够提供强大的计算和存储能力，使得金融机构能够高效处理和分析海量数据。在金融风险控制的应用场景中，云计算主要体现在以下几个方面：

1. 数据存储与处理能力的提升

金融机构通过云计算平台，可以轻松处理大量的数据存储需求，并能高效进行数据分析。在传统 IT 架构下，其存储和计算能力有限，难以满足大规模数据处理需求，而云计算的弹性扩展性和高效能，使得金融风险控制更加精准和及时。

2. 成本效益的提升

金融机构在云计算平台可以根据需求灵活调整资源配置，避免了传统数据中心建设所带来的高昂成本。通过云计算平台，金融机构不仅能够提高数据处理效率，还能降低硬件成本和运营成本，提升整体运营效益。

3. 灾难恢复与风险管理

云计算为金融机构提供了强大的灾难恢复能力。在面对自然灾害、系统故障等突发事件时，云计算平台能够快速恢复数据，确保金融机构的运营不中断，从而降低系统故障带来的风险。

二、人工智能与机器学习在金融风险控制中的应用

（一）人工智能的应用

人工智能技术，尤其是深度学习和自然语言处理技术，已被广泛应用于金融风险控制的各个环节。AI 的应用可以显著提高风险评估和管理的效率，尤其是在金融欺诈监控、信用评估、客户行为预测等方面展现了巨大的潜力。

1. 智能化信用评估

AI 可以通过分析客户的行为模式、财务状况等信息，自动化地进行信用评估。

传统的信用评估依赖于人工审核和经验判断，难以在短时间内处理大量数据。而AI通过机器学习算法，能够基于历史数据训练模型，对客户的信用状况进行更精准的评估。例如，AI可以基于客户的消费记录、还款行为、社交网络等多维度信息，为银行提供更加全面的信用评估。

2. 风险预测与预警

AI技术能够通过大规模的数据分析和预测模型，提前发现潜在的市场风险。例如，通过对股票、期货等金融工具的交易数据进行实时分析，AI系统能够识别出市场异常波动并发出预警，帮助金融机构在风险发生之前采取应对措施。

3. 自动化决策支持系统

AI还可以用于优化金融风险管理决策的过程。基于机器学习和数据挖掘技术，AI可以帮助金融机构制定更加科学和合理的风险控制策略。例如，AI可以根据历史数据和市场动态，自动生成风险评估报告，辅助决策者做出更加精准的风险控制决策。

（二）机器学习的应用

机器学习作为人工智能的一个重要分支，在金融风险控制中得到了广泛应用。通过机器学习，金融机构能够从海量数据中发现规律，识别潜在风险。机器学习的应用主要体现在以下几个方面。

1. 信用风险管理

金融机构利用机器学习算法分析客户的信用数据，可以对客户的信用状况进行自动化评估。通过不断优化算法模型，机器学习能够提升信用评估的准确度，并能够预测客户违约的可能性。

2. 欺诈识别与防范

机器学习在金融欺诈检测中具有重要作用。通过对历史欺诈数据的学习，机器学习系统能够自动识别出不正常的交易行为，并实时拦截可能的欺诈行为。机器学习的优势在于能够在不断变化的交易环境中自我学习和优化，使得金融欺诈检测更加高效和精准。

3. 投资风险分析

机器学习还可以用于投资领域的风险分析。通过对市场数据、历史投资数据、经济指标等信息进行分析，机器学习模型可以帮助投资经理识别出潜在的投资风险，并预测市场的未来走势，从而为投资决策提供支持。

三、区块链技术在金融风险控制中的应用

区块链技术，凭借其去中心化、不可篡改的特点，在金融风险控制中展现出了独特的优势。区块链技术通过提供透明、安全、不可篡改的数据记录，为金融风险管理提供了全新的解决方案。区块链技术的应用主要体现在以下几个方面。

（一）提高数据透明度与安全性

区块链技术的核心特点是其去中心化的数据库结构，所有的交易记录都被公开存储在区块链上，且不可篡改。通过区块链技术，金融机构能够提高数据的透明度和安全性，降低信息泄露和篡改的风险。在金融风险控制中，区块链能够确保交易数据的真实性和完整性，有助于防范欺诈、洗钱等金融风险。

（二）供应链金融中的应用

区块链技术在供应链金融中的应用能够有效降低风险。在传统的供应链金融中，融资方和贷款方之间的信息不对称问题往往导致信用风险的增加。而区块链技术能够确保各方共享真实的交易数据，降低信贷风险。

（三）跨境支付的风险控制

跨境支付的风险控制也是区块链技术的一个重要应用领域。传统的跨境支付往往依赖于多个中介机构，导致交易的成本高、效率低、风险大。而通过区块链技术，跨境支付可以实现实时结算和直接对接，大大降低了支付过程中的风险。

技术创新为金融风险控制提供了丰富的手段和解决方案。从大数据分析到人工智能、机器学习，再到区块链技术，每一项技术的应用都在不断提升金融机构对风险的识别、预测和应对能力。随着技术的不断进步，未来金融风险控制将更加智能化、自动化，金融机构也将能够更加精准地识别和防范潜在的风险，为金融市场的稳定发展提供坚实保障。

第三节　技术创新的挑战与对策

金融风险控制是现代金融体系中不可或缺的组成部分，随着金融市场的迅速发展，金融产品的创新以及投资者行为的复杂性不断增加，金融风险的种类和形式也变得更加多样化。在这一背景下，技术创新成为应对和控制金融风险的关键手段。然而，尽管技术创新为金融风险控制提供了许多新的工具和方法，但其在实践中的应用仍然面临许多挑战。本节将深入分析技术创新在金融风险控制中的挑战，并提出相应的对策。

一、技术创新在金融风险控制中的挑战

（一）技术的复杂性与应用难度

1. 技术的复杂性增加了风险管理的难度

随着大数据、人工智能、区块链等新兴技术的迅速发展，金融风险控制工具的功能和作用变得更加复杂。金融机构在运用这些技术时，常常需要具备较高的技术门槛，不仅需要强大的技术研发团队，还需要拥有高素质的风险管理人员。这些技术的复杂性使得技术的有效应用和风险的有效控制变得更加困难。

2. 技术集成问题

金融机构往往使用多个不同技术系统进行风险管理，这些系统之间的兼容性和集成性问题会导致风险控制工作的低效。特别是在跨行业、跨地域的金融机构中，不同部门和子公司所使用的技术平台可能存在差异，这就要求金融机构在进行技术创新时，必须考虑到系统之间的兼容性和集成问题，否则可能会导致“信息孤岛”现象，进而影响到风险管理的效果。

（二）数据隐私与安全问题

1. 数据泄露的风险

随着金融行业在风险控制中大量采用数据驱动的技术，数据的安全性和隐私

保护问题日益突出。特别是在大数据和人工智能技术的支持下，金融机构需要收集和处理大量客户数据。如果这些数据未经充分保护，可能会遭遇泄露或滥用，导致金融风险的加剧。近年来，不少金融机构和银行由于数据泄露事件而遭遇重大的信誉损失和法律责任，这使得数据安全问题成为金融技术创新面临的重要挑战。

2. 算法偏见与公平问题

技术创新在金融风险控制中的应用，尤其是基于大数据的风险评估和决策系统，可能会受到算法偏见的影响。算法的设计往往依赖于历史数据，但这些数据本身可能带有偏见，导致算法的决策结果不公平。因此，在应用技术创新进行金融风险控制时，必须充分考虑算法的公平性和透明度。

（三）技术创新的法律和监管滞后

1. 监管滞后导致技术创新的风险增大

尽管技术创新为金融风险控制带来了很多新的机遇，但现有的法律和监管体系往往无法及时跟进技术发展的步伐。在许多国家和地区，金融监管体系的设计仍然侧重于传统的金融风险控制方式，而对于新兴技术的监管缺乏足够的重视。例如，人工智能在信贷评估中的应用，尽管能提高效率，但也可能带来新的系统性风险，这些风险在现有的法律框架下难以被有效监管。

2. 合规性挑战

随着技术的不断发展，金融机构在进行风险控制时可能会面临合规性问题。与此同时，跨境金融交易的监管问题也日益严峻，特别是在金融科技公司与传统金融机构合作时，涉及的法律和合规问题可能会非常复杂。

（四）技术人才短缺

1. 专业人才匮乏

尽管技术创新为金融风险控制提供了许多新的工具，但真正能够将这些技术有效应用于风险管理的专业人才却相对短缺。尤其是在人工智能、大数据、区块链等前沿技术领域，金融行业需要大量具备技术和金融双重背景的人才。然而，由于这些领域的人才培养周期长、专业要求高，导致很多金融机构在技术创新过程中面临人才匮乏的问题。

2. 培训和知识更新的需求

随着技术的快速迭代，金融机构的风险管理人员需要不断更新自己的知识，以适应新技术的变化。然而，金融行业往往忽视对风险管理人员的培训，导致他们对新兴技术的应用理解不足，影响了技术在风险控制中的实际效果。

二、技术创新在金融风险控制中的应用

（一）加强技术与业务的深度融合

1. 技术与金融业务紧密结合

金融机构应通过与技术公司的深度合作，将技术创新与自身的金融业务需求紧密结合。例如，我们可以通过数据科学团队与风险管理团队的协作，确保新技术能够有效地服务于风险控制的实际需要。同时，在选择技术平台时，金融机构应考虑到与现有业务流程和系统的兼容性，避免过于复杂的技术系统导致操作和管理上的困难。

2. 构建智能化的风险控制平台

金融机构可以通过建立智能化的风控平台，将人工智能、大数据等技术有效地应用于日常的风险监控和评估。通过智能化的风险控制平台，金融机构能够实时分析市场动态，识别潜在的风险，并及时采取预防措施。此外，智能化的风险控制平台还能够帮助金融机构提升决策效率，减少人为操作的失误，从而降低风险。

（二）强化数据安全与隐私保护

1. 建立完善的数据安全体系

为确保金融数据的安全性，金融机构必须建立健全的数据保护机制。首先，应当加密敏感数据，防止数据在传输过程中遭到泄露；其次，要采用多重身份验证和访问控制，确保只有授权人员才能接触到关键数据；最后，应定期进行数据安全审计，及时发现和修补系统中的漏洞。

2. 采用隐私保护技术

随着金融科技的不断发展，隐私保护技术也日益成熟。金融机构可以采用如同态加密、差分隐私等技术来保护客户隐私，确保在数据分析过程中，客户的个

人信息不会被泄露。此外，金融机构还可以通过与第三方隐私保护技术公司合作，共同开发更安全的技术解决方案。

（三）优化监管框架与法律制度

1. 加快监管体系的创新和完善

金融监管机构应根据金融科技的发展趋势，及时更新和完善金融风险控制的监管框架。例如，我们可以通过建立金融科技实验区，允许金融机构在受控环境中测试新技术，提前识别可能存在的风险。此外，监管机构还应加强与技术企业的合作，共同制定适应新技术应用的监管政策。

2. 推动国际监管合作

在全球化的背景下，跨境金融交易日益增多，金融风险也呈现出全球化趋势。因此，各国金融监管机构应加强国际合作，共同应对跨国金融风险。同时，推动国际标准的制定，确保各国在技术创新监管方面达成一致，共同维护全球金融体系的稳定。

（四）加强技术人才的培养与引进

1. 建立跨学科人才培养机制

金融机构应积极推动跨学科人才的培养，尤其是在金融和技术交叉领域的人才。例如，我们可以与高校、研究机构合作，开设相关专业课程，为行业培养更多具备金融与技术复合背景的专业人才。

2. 加强员工的技术培训

为了应对技术创新带来的挑战，金融机构应定期组织员工进行技术培训，提升其在大数据分析、人工智能等领域的应用能力。同时，我们可以通过引进外部技术专家，为公司内部员工提供技术指导，帮助他们更好地理解和应用新技术。

技术创新在金融风险控制中的应用具有巨大的潜力，但也面临诸多挑战。通过加强技术与业务的深度融合、强化数据安全与隐私保护、优化监管框架与法律制度以及加强技术人才的培养与引进，金融机构能够有效应对这些挑战，推动金融风险控制技术的健康发展。随着技术的不断进步，金融风险控制将变得更加精准、智能，从而为金融市场的稳定和发展提供坚实的保障。

第四节　技术创新的未来趋势

在全球金融环境日益复杂的背景下，金融风险控制的重要性愈加突出。技术创新作为提升风险管理能力、增强金融系统韧性的重要手段，正在引领金融风险控制领域的变革。本节将从多个角度探讨技术创新在金融风险控制中的未来趋势，分析其可能带来的深远影响以及如何应对未来挑战。

一、人工智能与大数据在金融风险控制中的深度融合

（一）人工智能赋能风险识别与预测

随着人工智能技术的飞速发展，金融行业已逐渐开始借助 AI 技术进行风险识别与预测。AI 通过算法模型和深度学习，可以在海量数据中挖掘出潜在的风险因素，并提供准确的风险预警。例如，通过分析金融市场的数据波动、客户行为模式以及历史交易记录，AI 能够准确识别出异常交易或潜在的市场风险。AI 的自学习能力还能够不断优化预测模型，提高风险预测的准确度。

1. 机器学习模型的应用

机器学习是 AI 的一项重要技术，它能够通过学习历史数据进行模式识别。在金融风险控制中，机器学习能够帮助机构预测市场波动、信贷违约等潜在风险。通过深度神经网络、决策树等技术，机器学习模型能够从大数据中提取关键信息，帮助金融风险控制者做出更为精确的决策。

2. 自然语言处理在风险情报分析中的应用

自然语言处理（NLP）是 AI 领域的另一个重要技术，能够帮助金融机构从新闻、社交媒体、公司公告等非结构化数据中提取信息。通过情感分析、话题建模等手段，NLP 可以帮助金融机构识别出市场情绪变化，提前预测可能影响市场的风险事件。例如，通过对金融新闻的情感分析，AI 可以预测某些突发事件（如政策变动、企业破产等）对市场的影响，为金融决策提供有力支持。

（二）大数据技术的支撑作用与应用前景

在金融风险控制中，大数据作为支撑技术，具有无可比拟的优势。金融行业的数据源庞大而复杂，涵盖了市场数据、客户数据、交易数据等多种类型。传统的风险管理方法难以处理如此庞大的数据量，而大数据技术能够有效地存储、处理、分析这些数据，为金融风险控制提供精确的数据支持。

1. 实时数据监控与风险预警

大数据技术能够实现对金融市场和交易活动的实时监控，快速发现潜在风险。例如，银行可以通过对客户行为数据的实时分析，及时发现客户的信用变化，避免不良贷款的产生。同时，大数据技术还能够对市场行情、企业财务状况等进行实时监控，提前预警市场风险的波动。

2. 个性化风险管理方案的制定

通过大数据分析，金融机构能够深入了解客户的行为模式、风险偏好和财务状况，从而制定个性化的风险管理方案。比如，在信贷领域，银行可以通过对客户信用历史、消费习惯等数据的分析，为不同客户制定适合的贷款额度和利率，从而降低贷款违约的风险。

二、区块链技术在金融风险控制中的潜力

（一）区块链技术的去中心化优势

区块链技术以其去中心化、不可篡改的特性，为金融风险控制提供了全新的解决思路。区块链能够确保数据的安全性和透明度，使得金融交易的每个环节都能够追溯和验证，从而有效防止金融欺诈和腐败行为。通过区块链，金融机构能够建立更加透明和可信的风险管理体系。

1. 智能合约的应用

智能合约是区块链技术的重要应用，它通过程序代码实现合同条款的自动执行，避免了人工干预和误差。在金融风险控制中，智能合约能够自动化执行风险控制措施。例如，在贷款发放过程中，银行可以通过智能合约确保贷款条件的自动执行，包括贷款金额、利率、还款期限等，减少人工操作中的错误和漏洞。

2. 去中心化金融系统的构建

去中心化金融（DeFi）是基于区块链技术的一种新型金融模式，它通过智能合约实现去中心化的金融服务。DeFi 可以降低金融风险的发生率，因为其去中心化的特性使得交易不再依赖传统的金融中介，从而降低了中介机构的道德风险和操作风险。通过 DeFi，用户可以直接进行贷款、借贷、交易等金融活动，降低了金融体系的系统性风险。

（二）区块链技术在金融交易中的透明度提升

区块链技术的透明性使得金融交易的各个环节都能够被有效监控，从而降低了交易中的欺诈和误操作风险。金融机构能够通过区块链技术提高信息的可追溯性，在发生争议时可以迅速查找交易的真实记录。例如，证券市场中的股票交易、衍生品交易等，都可以通过区块链技术进行记录和追踪，确保交易过程中的公正和透明。

1. 跨境支付与清算的便捷化

区块链技术能够简化跨境支付和清算过程，减少了中间环节和交易时间，从而降低了支付过程中可能发生的汇率波动和操作风险。通过区块链，跨境支付可以实现 24 小时不间断运行，交易的每个环节都能够实时监控，有效降低资金流动中的风险。

2. 供应链金融中的应用

在供应链金融中，区块链技术能够确保交易的透明性和数据的真实性。通过区块链技术，供应链上的每个环节都能够实时获取信息，避免了伪造和虚假交易的发生。对于金融机构来说，区块链技术能够帮助其准确评估供应链中的信用风险，降低违约风险。

三、量化风险管理与算法交易的前景

（一）量化风险管理的优势与挑战

量化风险管理通过利用数学模型、统计分析和计算机技术对金融风险进行量化分析和管理，能够大大提高风险预测的精度。在未来，量化风险管理将进一步发展，金融机构将通过建立更为复杂的模型来预测和控制金融风险。

1. 金融衍生品风险管理

金融衍生品市场充满了高风险，量化风险管理能够通过建立数学模型，对衍生品的市场波动和风险进行有效预测。通过对市场数据的实时监控和量化分析，金融机构可以及时调整风险敞口，减少衍生品交易中的潜在损失。

2. 高频交易中的风险控制

高频交易在金融市场中占据了越来越重要的地位。量化风险管理能够通过算法优化高频交易策略，减少交易中的滑点、套利机会和市场波动带来的风险。随着计算技术的不断进步，高频交易中的风险管理将更加精细化和精准化。

（二）算法交易的普及与发展

算法交易是通过计算机程序执行交易策略，以实现最佳交易效果。随着计算能力的提升和数据分析技术的发展，算法交易将在未来的金融市场中扮演更加重要的角色。算法交易不仅能够提高交易的效率，还能够通过高速决策和执行减少市场波动带来的风险。

1. 自适应交易策略的创新

未来的算法交易将更加注重策略的自适应性，能够根据市场的变化自动调整交易策略。通过机器学习，算法交易系统能够实时调整策略，识别市场中的潜在风险，并及时进行规避。这种自适应交易策略将能够有效降低市场波动带来的风险。

2. 量化交易与人工智能的结合

随着人工智能和量化交易的结合，未来的金融市场将进入一个全新的交易时代。AI 能够通过深度学习、强化学习等技术，对市场走势进行深度分析，结合量化交易策略进行交易决策。通过这种技术结合，金融风险控制的精度和效率将大幅提升。

未来的金融风险控制将高度依赖技术创新，尤其是在人工智能、大数据、区块链和量化交易等领域的应用。随着技术的不断发展和成熟，金融风险控制将变得更加智能化、自动化和精细化。然而，技术的发展也带来了新的挑战和风险，例如技术滥用、数据隐私保护等问题。因此，在推动技术创新的同时，金融机构和监管机构需要加大风险监管力度，确保技术在提升金融风险控制能力的同时，不会带来新的系统性风险。

第九章　金融风险控制的国际合作与全球治理

第一节　金融风险控制的国际合作机制

金融风险控制是现代金融体系稳定的重要保障，而国际合作在控制金融风险、维护全球金融稳定方面扮演着至关重要的角色。随着全球经济一体化的深入发展，各国金融市场的联系日益紧密，金融风险的范畴不再局限于单一国家或地区，而是呈现出跨国、跨区域的特点。因此，全球范围内的金融风险控制不仅依赖各国政府和金融监管机构的努力，更需要各国之间的合作与协调。在这种背景下，金融风险控制的国际合作机制日益成为金融安全领域的重要议题。

一、国际金融风险控制合作的背景与意义

（一）全球化带来的金融风险传染效应

随着全球化进程的加速，资本市场、货币市场、商品市场和金融机构的相互联系愈加紧密。国际金融市场的波动往往会在短时间内传导到其他国家或地区，形成全球性风险。例如，2008 年全球金融危机就充分展示了金融市场之间的高度关联性，尤其是美国次贷危机的蔓延引发了全球性的经济衰退。这一事件深刻揭示了各国在应对金融风险时的脆弱性，强化了金融风险控制国际合作的必要性。

（二）国际合作机制对金融风险管理的推动作用

国际合作机制为全球范围内的金融风险控制提供了一个协同工作的平台，特别是在信息共享、风险预警、金融监管和危机应对等方面的合作，可以有效提升全球金融系统的稳定性。通过加强国际合作，各国可以共同研究和制定应对金融

危机的政策措施，建立更加健全和全面的风险防范机制。

（三）金融风险控制中的利益共享与责任共担

金融风险具有跨国性与系统性，因此，单一国家或地区的金融风险控制措施往往难以应对全球性金融风险。国际合作机制不仅能够在金融危机发生时提供紧急救助，还可以在日常监管中通过共同制定标准、评估体系和政策框架，提升全球金融监管的透明度和一致性。此外，各国应当共同承担全球金融稳定的责任，通过合作降低全球金融系统的系统性风险，避免个别国家或地区的风险波动影响全球经济。

二、国际金融风险控制合作的主要机制

（一）国际金融机构的作用

1. 国际货币基金组织

国际货币基金组织是全球金融体系的重要组成部分，其主要任务是促进国际货币合作、确保国际货币体系的稳定、提供金融支持以及为成员国提供经济政策建议。在金融风险控制方面，IMF 通过其独特的监督职能，定期对成员国的经济政策和金融市场状况进行评估，为各国提供风险预警和政策建议。特别是在全球金融危机时期，IMF 为一些受困国家提供了紧急贷款支持，帮助它们度过了金融危机的难关。

2. 世界银行

世界银行在金融风险控制方面的作用不仅体现在为发展中国家提供经济援助和资金支持上，还通过提供技术援助、政策建议以及培训等方式，帮助这些国家建立健全的金融风险管理体系。通过与各国政府的合作，世界银行帮助它们提高金融监管能力，加强金融体系的韧性，预防和应对系统性金融风险。

3. 金融稳定委员会

金融稳定委员会是由 G20 发起的一个国际合作机制，旨在监测全球金融体系的稳定性，分析潜在的系统性风险，并提出风险控制和监管改革的建议。FSB 的作用在于通过与各国监管机构的密切合作，协调全球金融市场的风险防控措施，推动国际金融监管标准的统一，并为全球金融危机提供预警。

（二）双边与多边合作框架

1. 双边金融合作

在双边层面，许多国家通过签署金融合作协议，开展信息共享和风险监测等方面的合作。双边金融合作机制可以为各国提供更加精准的金融风险识别和防范手段。例如，欧盟与美国之间的金融合作协议就通过定期的数据交换和风险评估，确保两者在金融领域的稳定和合作。

2. 多边合作平台

在多边层面，国际社会通过 G20、G7 等多边合作平台，开展金融稳定和风险管理的讨论与协作。这些平台不仅可以为各国提供政策建议，还能够通过联合声明和共识，推动全球金融风险控制措施的出台。多边合作机制通常能够汇聚不同国家的经验和智慧，为全球金融市场提供更加完善的风险管理方案。

（三）金融监管协调机制

1. 巴塞尔协议

巴塞尔协议是全球金融监管合作的一个重要框架。通过巴塞尔协议，国际社会制定了统一的银行监管标准，特别是在资本充足率、流动性风险和市场风险等方面的要求。巴塞尔协议通过推动各国银行业的监管标准一致化，增强了全球金融体系的抗风险能力。

2. 国际证券事务监查委员会组织（IOSCO）

国际证券事务监查委员会组织是一个致力于全球证券市场监管合作的国际组织，成员包括世界各国的证券监管机构。IOSCO 通过制定全球统一的证券监管标准，提高各国证券市场的透明度和公平性，降低跨国证券交易中的风险。

3. 跨国金融监管协调

随着金融市场的全球化，金融监管的协调变得日益重要。跨国监管协调机制通过信息共享、风险预警、联合监管等方式，增强了各国监管机构在应对金融风险时的合作性。特别是在应对跨国金融危机时，各国监管机构需要密切合作，确保金融市场的稳定。

三、国际金融风险控制合作面临的挑战

（一）各国利益的差异性

尽管国际金融合作在理论上可以促进全球金融风险的有效管理，但不同国家在经济发展水平、金融体系结构和政策取向上的差异，使得各国在金融风险控制方面的目标和利益可能存在冲突。例如，一些发展中国家可能更关注金融资源的流入与经济增长，而发达国家则更注重防范系统性风险和金融市场的透明度。这种利益的差异性可能会导致国际金融合作在实施过程中的摩擦和困难。

（二）国际监管标准的统一问题

目前，全球金融监管体系仍存在一定程度的分歧，各国的监管标准和措施存在差异。例如，资本充足率要求、风险管理标准、市场透明度等方面的规定在不同国家和地区可能有所不同。尽管巴塞尔协议等国际规范在推动监管标准统一方面发挥了重要作用，但要实现全球范围内的完全统一仍面临较大挑战。

（三）金融科技带来的新风险

随着金融科技的迅猛发展，新兴的金融产品和技术（如数字货币、区块链、人工智能等）逐渐进入主流金融市场。这些技术虽然为人们带来了便利，但也带来了新的金融风险，例如技术漏洞、数据隐私泄露以及算法风险等。如何在全球范围内协调监管这些新兴技术，并保障金融体系的安全，成为国际合作中一个亟待解决的问题。

四、国际合作机制未来的趋势

（一）深化金融科技领域的合作

随着金融科技的不断进步，全球金融市场的监管面临着越来越复杂的挑战。未来，国际合作机制将更加注重在金融科技领域的合作与规范。通过制定全球统一的技术标准和监管框架，各国可以在保障金融安全的同时，推动金融科技的健康发展。

（二）加强跨国信息共享与透明度建设

信息共享和透明度是金融风险控制的核心。未来，国际合作机制将在数据共

享、金融信息透明度建设等方面加强合作，以确保全球金融市场的稳定与安全。通过建立更加完善的信息交换平台和标准，各国监管机构能够更加及时地识别和应对潜在的金融风险。

（三）建立更加包容的全球金融治理结构

随着全球金融风险日益复杂，未来国际合作机制将朝着更加包容和多元化的方向发展。除了传统的发达国家主导的金融监管组织外，发展中国家和新兴市场经济体的声音将得到更多重视。全球金融治理结构的改革，将有助于提升全球金融体系的公平性和包容性。

金融风险控制的国际合作机制，是全球金融稳定和安全的重要保障。随着全球经济一体化的不断推进，国际合作在金融风险控制中将发挥越来越重要的作用。通过加强全球范围内的信息共享、监管协调和风险预警机制，各国可以共同应对日益复杂的金融风险，维护全球金融市场的长期稳定和繁荣。

第二节　全球金融风险治理的挑战与机遇

一、全球金融风险治理的背景

全球金融市场的高度互联和金融体系的全球化使得金融风险的影响力大大增强。

全球金融风险治理涉及多个层面的内容，包括政策协调、金融监管、风险评估、危机应对等方面。不同国家和地区在金融治理中的利益诉求、治理能力和监管框架差异较大，使得全球金融治理面临众多挑战。然而，全球金融风险治理也为国际合作提供了机遇，特别是在信息共享、政策协调和危机预防等方面的合作，能够有效提升全球金融体系的稳健性和韧性。

二、全球金融风险治理的主要挑战

（一）跨国金融监管的协同困难

全球金融市场中的风险源自多个国家和地区，金融市场和金融产品的跨国性特点使得各国单独的监管措施无法有效应对全局性金融风险。不同国家在监管框架、法律制度、市场操作等方面的差异，使得全球金融监管的协调变得异常复杂。国际金融监管框架（如巴塞尔协议等）虽然在某种程度上促进了跨国监管的一体化，但其实施过程中依然存在很多阻力，尤其是发展中国家，其监管能力较弱，且缺乏与发达国家的政策协同。另外，国际金融市场的监管框架较为宽松的部分也为金融风险的传播提供了温床。例如，一些地区性金融市场的监管漏洞使得高杠杆、过度投机等行为得以滋生，进而影响全球金融稳定。因此，跨国监管协同成为全球金融风险治理中的一个重要挑战。

（二）金融市场的高度复杂性与风险识别难度

随着金融创新的加速发展，金融市场呈现出高度复杂化、多元化的趋势。衍生品、金融科技、加密货币等新兴金融产品和技术的出现，使得金融市场的风险来源变得更加难以识别和测量。传统的金融风险评估方法面临许多挑战，尤其是在金融科技日新月异的背景下，如何准确评估和识别风险成为全球金融风险治理中的一个重大难题。此外，金融市场的高度互联性使得单一市场或金融机构的风险可能迅速蔓延到全球其他市场。比如，某一市场的资产泡沫破裂或某一金融机构的倒闭，可能通过跨国资本流动或金融产品关联迅速传导至其他国家。因此，金融市场的复杂性加大了全球金融风险的识别和预防难度。

（三）政治经济因素的干扰

金融风险治理不仅仅是一个技术性问题，它还深受政治经济因素的干扰。不同国家和地区的政治体制、经济结构、文化背景等方面存在显著差异，这使得全球金融风险治理的多边合作变得更加困难。在一些国家，政府可能会为了短期的经济利益，选择忽视金融监管或放松金融政策，从而为金融风险的积累和蔓延提供空间。例如，在一些发展中国家，由于政治不稳定或政策透明度较低，监管机构可能无法有效应对金融风险的提前预警。而在发达国家，尽管金融监管体系相对完善，但为了维护国家利益，监管政策往往受到国内政治压力的影响，从而对全球金融治理产生一定的制约。

（四）全球经济不平衡的影响

全球金融风险治理面临的另一个重大挑战是全球经济的不平衡发展。发达国家和新兴市场国家之间存在经济水平、收入差距、金融市场发展阶段等多方面的差异，这导致在全球金融治理中，发达国家往往处于主导地位，全球金融政策的制定和执行可能偏向发达国家的利益。这种不平衡使得新兴市场国家在全球金融风险治理中处于弱势地位，缺乏足够的话语权和影响力。与此同时，全球经济的不平衡发展也意味着金融风险的分布不均。在经济不发达的地区，金融风险往往更容易引发社会动荡和政治不稳定，而在经济强国中，金融风险可能对全球金融市场产生系统性影响。因此，如何平衡全球金融治理中的利益分配，使得各国能够在治理体系中公平受益，是全球金融风险治理中的一大挑战。

三、全球金融风险治理的机遇

（一）国际合作机制的逐步完善

全球金融风险治理的挑战与机遇并存。近年来，国际社会在金融风险治理方面取得了许多积极进展。例如，国际货币基金组织、世界银行、国际清算银行（BIS）等国际组织不断推动金融监管框架的统一和政策协调，推动各国加强信息共享和风险预警机制。这些国际组织的作用在全球金融治理中日益突出，它们为全球金融风险治理提供了有效的平台和机制。此外，诸如G20、金融稳定委员会等跨国合作平台也在金融危机后发挥了重要作用。通过这些机制，各国可以更加密切地合作，共享金融市场的风险信息，加大金融监管协调力度，提高全球金融体系的稳定性。

（二）金融科技与数字化转型带来的机遇

数字化和金融科技的迅猛发展，虽然给金融市场带来了新的风险，但也为全球金融风险治理提供了新的机遇。区块链、人工智能、大数据等技术的应用使得金融市场的信息透明度和监管能力大大增强。例如，通过大数据分析，监管机构可以实时监控金融市场的风险动态，及时识别潜在的金融危机。此外，金融科技还可以帮助降低金融风险的传播速度，通过技术手段实现风险隔离，防止系统性风险的扩散。

随着数字货币的兴起，国际金融市场的支付和结算体系将发生深刻变化。这为全球金融风险治理带来了新的机遇，即通过创新技术手段提升全球金融体系的透明度和效率，增强全球金融治理的能力。

（三）全球化背景下的共同治理

全球金融风险治理的机遇还体现在全球化进程加速的背景下。全球化推动了各国经济、贸易和金融的紧密联系，这不仅使得跨国企业能够更加便捷地进行资本流动，也促进了各国在金融风险防范和治理方面的合作。各国意识到，金融风险治理的单打独斗已经无法有效应对全球化时代的挑战，因此加强全球合作成为金融风险治理的共识。

联合国、G20、APEC 等国际组织和平台的合作越来越紧密，全球金融风险治理逐步从单一国家的行为转向多边协作。这为全球金融风险的预防和危机管理提供了新的平台和机制，有助于实现更加公平和有效的全球金融治理。

（四）绿色金融与可持续发展目标的推进

随着全球对环境问题的日益关注，绿色金融成为全球金融风险治理中的重要议题。绿色金融不仅能够帮助各国融资应对气候变化，还能够通过引导资金流向可持续发展项目，削弱环境风险对金融市场的冲击。在全球金融治理的框架下，推动绿色金融的创新和发展，有助于提升全球金融体系的韧性，特别是在面对环境灾难和气候风险时，能够增强金融体系对长期系统性风险的应对能力。同时，绿色金融的发展还与全球可持续发展目标密切相关。在推动绿色金融的过程中，金融机构和政府可以进一步加强合作，建立健全的绿色金融政策体系，促进全球金融市场的可持续发展。

全球金融风险治理的挑战和机遇是相互交织的。面对金融市场日益复杂的局面，各国和国际组织必须加强合作，提升全球金融治理的能力和效率。通过推动跨国监管协同、借助金融科技创新、促进全球化背景下的共同治理、加强绿色金融等方面的努力，可以有效提升全球金融体系的稳定性和韧性，为应对未来可能出现的金融风险提供有力保障。

全球金融风险治理的未来，需要各国在政治、经济和技术层面进行更加深入的合作与创新，我们只有在全球范围内形成合力，才能更好地应对日益复杂的金融风险挑战。

第三节　金融风险控制的国际合作案例分析

一、国际合作在金融风险控制中的重要性

金融风险控制是全球经济中的一个重要议题，尤其是在跨国经营和全球化趋势愈加显著的今天。金融产品的复杂性使得单一国家的金融风险管理难以应对日益增长的国际金融危机。因此，国际合作成为全球金融风险控制不可或缺的一部分。

国际合作可以通过多种途径增强国家和地区之间的沟通与协作，包括建立多边金融治理结构、共同制定监管标准、共享信息、实施协调政策等。通过这些措施，全球金融体系能够更加稳定，以应对潜在的风险挑战。通过金融风险控制的国际合作，各国可以实现优势互补，减少各自可能面临的风险暴露，并共同努力维护全球经济的稳定与繁荣。

（一）国际合作的形式与路径

国际合作在金融风险控制中的表现形式主要包括多边协议、信息共享、跨境监管、全球金融治理机构的作用等。各国和国际组织通过不同形式的合作与协调，不仅减少了单个国家的风险暴露，还推动了全球金融系统的稳定。

1. 多边协议与国际组织的协调机制

国际金融体系的有效运作离不开国际协议与组织的支持。例如，国际货币基金组织、世界银行等国际金融组织一直是金融风险控制的重要推动者。这些组织通过制定国际金融规范和规则，推动成员国之间的合作。国际货币基金组织通过监测全球经济形势、提供金融援助、倡导经济政策改革，降低了单一国家金融危机蔓延引发的全球风险。世界银行则通过资金支持和项目贷款，帮助发展中国家

提升金融体系的韧性，防止金融危机的发生。

2. 信息共享与风险预警机制

随着信息技术的发展，国际合作的另一个重要形式是跨国信息共享。各国金融监管机构通过国际信息共享平台，共享金融市场和金融产品的相关数据，以便及早发现潜在风险。例如，国际清算银行和国际货币基金组织提供的金融数据和统计报告，是各国央行、金融监管机构和政府进行风险预测和决策的重要依据。信息共享的核心目标是提高全球金融监管的透明度，增强金融机构的风险管理能力。

3. 跨境监管与协同政策

随着金融市场的日益全球化，跨境监管成为金融风险控制中不可忽视的环节。国际金融市场中，金融产品和资金的跨境流动已成为常态。为了避免金融市场的监管漏洞，国际金融监管机构推行了“跨境监管合作”的政策。特别是在银行、证券、保险等领域，多个国家的金融监管机构会建立合作机制，进行跨境协调，共同制定监管政策。例如，巴塞尔协议 III 的推出就是各国央行和金融监管机构协同合作的成果，它为银行资本充足率和流动性管理设定了统一标准，防范了金融市场的不稳定因素。

4. 全球金融治理机制

全球金融治理是金融风险控制的一个重要方面，它涉及如何设计和管理全球金融体系，以保证金融市场的稳定。全球金融治理体系是由多个国际组织和协议构成的，包括国际货币基金组织、世界银行、G20 等。这些组织在全球金融体系中扮演着协调者和推动者的角色，推动各国在金融政策、金融监管和金融稳定方面达成共识。特别是 G20 自 2008 年全球金融危机以来，成为全球金融治理的重要平台，其倡导的全球经济和金融政策协调，为全球金融风险控制提供了重要支持。

二、典型国际合作案例分析

在全球金融风险控制的过程中，多个国际合作案例为后来的实践提供了宝贵的经验教训。这些案例不仅揭示了国际合作在金融风险控制中的关键作用，也突显了全球金融治理机制在应对重大危机时的积极作用。以下几个案例，展示了国际合作在金融风险控制中的成功经验。

（一）2008 年全球金融危机后的国际合作

2008 年全球金融危机是 21 世纪初期最严重的金融危机之一。其爆发不仅对美国本土金融市场造成了巨大的冲击，还对全球金融体系产生了广泛影响。为了应对危机，各国和国际金融组织紧急开展了多方面的合作。特别是 G20 峰会在 2008 年后的频繁召开，成为各国政府和金融监管机构协调金融政策、共享危机信息、实施金融救援措施的重要平台。以下是一些关键的合作举措：

1. 国际货币基金组织的危机应对

在 2008 年全球金融危机爆发后，国际货币基金组织发挥了重要作用。IMF 通过向各国提供紧急贷款，帮助其应对金融危机，尤其是一些受影响严重的发展中国家。IMF 同时加强了对全球金融市场的监管，并向各国提供了政策建议，以帮助它们稳定本国经济和金融体系。IMF 的这一举措不仅缓解了全球金融危机的蔓延，还加强了全球金融监管的协同合作。

2. 巴塞尔协议的深化与完善

巴塞尔委员会作为全球银行业监管协调的重要机构，在 2008 年全球金融危机后加强了跨国金融监管合作。巴塞尔协议 III 的实施，进一步提高了银行业资本充足率要求和流动性标准，确保银行能够在金融危机时保持足够的资本缓冲。这一全球性的金融监管框架，不仅增强了金融机构的抗风险能力，还为全球金融稳定奠定了坚实的基础。

（二）欧洲债务危机中的国际合作

欧洲债务危机爆发于 2009 年，由希腊债务问题引发，蔓延至整个欧元区。为了应对这一危机，欧盟与国际货币基金组织、欧洲中央银行等国际金融组织密切合作，推动了一系列救助方案和财政整顿措施的实施。这些合作举措不仅缓解了危机对欧元区的冲击，还增强了全球经济对欧盟市场的信心。以下是几个关键的合作措施：

1. 欧盟内部的财政协调

欧洲债务危机暴露了欧元区内部财政政策的不协调问题。为此，欧盟加大了对成员国财政政策的监督力度，并通过实施财政紧缩政策和推动结构性改革，帮助危机国家恢复经济稳定。此外，欧盟还加强了成员国之间的财政合作，共同应对外部金融市场的不确定性。

2. 国际货币基金组织的参与

国际货币基金组织在欧洲债务危机中的作用至关重要。IMF 提供了大规模的资金支持，并推动危机国家实施一系列财政整顿和结构性改革。IMF 的参与不仅稳定了危机国家的经济，也为全球金融市场提供了信心。

（三）新兴市场的金融合作：亚洲金融危机后的区域性合作

1997 年爆发的亚洲金融危机，使得多个东南亚国家陷入经济困境。为了应对这一危机，亚洲各国加强了与其他国家或地区之间的金融监管合作，并推动区域性金融合作机制的建立。特别是，亚洲基础设施投资银行（AIIB）的成立，标志着亚洲国家在金融合作方面取得了重要进展。通过区域性合作，亚洲各国实现了金融风险控制的互助与共赢。

1. 亚洲货币基金组织的成立与作用

亚洲货币基金组织是应对亚洲金融危机后成立的重要区域性金融组织。亚洲货币基金组织的目标是为亚洲国家提供紧急资金支持，并加强区域金融市场的监管合作。亚洲货币基金组织的成立，不仅增强了亚洲国家对金融风险的抵御能力，也促进了亚洲区域金融一体化的发展。

2. 亚洲基础设施投资银行的金融合作

亚洲基础设施投资银行的成立，推动了区域内金融合作的深化。AIIB 不仅为亚洲国家提供了资金支持，还通过共享投资信息、促进项目合作等方式，加强了与区域经济体的联系，为亚洲地区的金融稳定和发展做出了贡献。

金融风险控制的国际合作是全球金融稳定的重要保障。通过多边协议、信息共享、跨境监管和全球金融治理等形式，各国和国际组织能够协调应对全球金融风险。通过以上的案例分析，我们可以看到，国际合作不仅在应对金融危机时发挥了关键作用，也推动了全球金融治理体系的不断完善。未来，随着全球金融市场的进一步融合，国际合作将变得更加紧密，为全球经济的稳定与繁荣提供更加坚实的保障。

第四节　我国金融风险控制的国际合作

一、金融风险控制

金融风险控制是全球经济治理中的核心问题之一。随着全球化程度的不断加深,金融风险具有跨国传播的特点,单一国家的金融风险控制难以单独完成。因此,国际合作在金融风险控制中的作用愈发重要。我国作为全球第二大经济体，近年来加强了与世界各国和国际组织的金融合作，不仅提高了国内金融市场的稳定性，也为全球金融治理体系的完善贡献了力量。本节将探讨我国在金融风险控制方面的国际合作现状，分析其成效、面临的挑战及未来的发展方向。

二、我国金融风险控制的国际合作现状

（一）我国金融市场与国际金融体系的互动

我国的金融市场在过去几十年中经历了快速发展，并逐步融入国际金融体系。自加入世界贸易组织以来，我国与世界主要经济体的金融合作日益深化，特别是随着人民币国际化进程的推进，我国的金融市场在全球经济中的地位和影响力不断提升。我国金融机构在国际市场的参与也越来越多，国际投资者对于我国金融市场的兴趣不断增加，这为我国在金融风险控制方面的国际合作提供了更多机会。

我国的金融监管部门与国际金融监管机构之间的沟通与合作也日益增多。中国人民银行、银保监会、证监会等金融监管机构已经加入了包括金融稳定委员会、国际清算银行等在内的多个国际金融组织，通过参与这些组织，我国不仅能够学习借鉴国际先进的金融风险管理经验，还能够在全球金融治理中发挥更大的影响力。

（二）我国与主要经济体的金融风险控制合作

我国与世界主要经济体的金融风险合作日益紧密。与美国、欧洲、日本等的

金融监管合作在多个领域取得了显著成效。例如，中国人民银行与美联储、欧洲央行等机构定期开展沟通与协调，在全球货币政策、资本市场监管等方面交换意见，共同应对金融危机等突发事件。在金融危机发生后，我国积极参与国际金融体系的改革，推动国际金融机构改革，以更好地应对全球金融风险。此外，我国还与亚洲金融危机期间的“十国”合作形成了长期的金融合作机制。我国在亚洲金融危机后提出并推动了亚洲基础设施投资银行的建立，成为该组织的创始成员国之一。这不仅加强了我国在亚洲的金融影响力，也为金融风险控制提供了更多的合作平台。

（三）我国在国际金融监管中的角色

我国在国际金融监管体系中的角色逐步增强。作为全球经济的重要一员，我国的金融市场对国际市场的影响力越来越大，因此其在国际金融监管中的声音也愈发重要。我国通过与其他国家的金融监管合作，推动全球金融监管体系的改革与完善。例如，在巴塞尔协议Ⅲ的制定过程中，我国代表了新兴市场经济体的利益，推动了更加符合全球经济实际的金融监管措施的出台。此外，我国还积极参与金融稳定委员会的工作，推动金融稳定框架的建设，加强全球金融体系的稳定性。在我国的推动下，全球金融风险控制政策逐步向多元化、协调化的方向发展。我国不仅在理论研究上为全球金融治理提供了新视角，也在实践中为国际金融风险管理提供了有益经验。

三、我国金融风险控制国际合作面临的挑战

（一）国际金融环境的不确定性

全球金融环境的高度不确定性是我国金融风险控制国际合作面临的重要挑战。国际政治经济局势的变化，特别是主要经济体政策的波动，可能对全球金融市场产生重大影响。近年来，美国的单边主义政策、欧洲的金融危机等因素使得全球金融风险增大。我国在推进国际合作时，需要更加灵活和务实地应对这些不确定因素，确保合作的稳定性和有效性。

（二）国际金融市场的复杂性

随着金融市场的不断创新与全球化，金融风险呈现出更加复杂和多样化的特

点。国际金融市场的联动性和传染性使得一个国家的金融风险很容易蔓延到其他国家。因此，我国在参与国际金融风险控制合作时，必须考虑到多方的利益和不同的风险因素。这要求我国在国际合作中采取更加科学和谨慎的态度，加强与其他国家在金融风险预测、预警和应急管理方面的合作，确保能够及时应对可能的金融危机。

（三）金融监管协调难度

全球金融市场的发展和金融产品的创新给国际金融监管带来了巨大的挑战。不同国家的金融监管体系存在差异，这使得国际合作中的协调难度加大。中国在进行金融风险控制的国际合作时，必须面对其他国家不同的监管政策和利益需求，如何在多样化的监管体系中找到有效的合作方式，是一个亟待解决的问题。此外，金融风险的跨境流动性也要求各国在监管上保持一定的一致性和协调性，这为我国的金融风险控制国际合作带来了较大的压力。

四、我国金融风险控制的国际合作前景与发展方向

（一）加强多边金融合作，推动全球金融稳定

我国应进一步加强与国际金融组织、地区性金融合作机制的合作，通过多边平台推动全球金融稳定。特别是在全球经济不确定性较大的背景下，我国可以通过与 G20、国际货币基金组织、世界银行等多边机构的合作，共同探讨全球经济治理新路径，推动全球金融体系的改革与完善。同时，我国可以加强与亚洲、非洲等发展中国家的金融合作，支持它们完善金融市场和金融监管体系，从而实现全球金融稳定的共同目标。我国应积极参与全球经济治理，在推动全球金融稳定的过程中发挥更加重要的作用。

（二）深化与主要经济体的金融合作

我国与主要经济体在金融风险控制方面的合作将进一步深化。通过建立更加紧密的金融监管合作关系，我国不仅能够更好地应对金融市场的波动，还能够在全球金融治理中发挥更大的作用。未来，随着中美、中欧、中日等主要经济体的合作加强，全球金融治理将朝着更加多极化、互利共赢的方向发展。

（三）推进金融科技合作，提升全球金融风险防控能力

随着金融科技的发展，数字货币、区块链、人工智能等技术在金融领域的应用将极大地改变全球金融风险管理的格局。我国在金融科技领域取得了显著进展，应当加强与国际社会在金融科技方面的合作，共同提升全球金融风险防控能力。我国可以通过技术创新，加强跨境金融监管和风险防控，推动全球金融市场的稳定与发展。

我国在金融风险控制的国际合作中，扮演着越来越重要的角色。随着全球金融体系的深化和国际合作的不断发展，我国将继续在国际金融风险防控中发挥积极作用。未来，我国应加强与各国和国际组织的合作，推动全球金融治理体系的完善，为全球金融稳定做出更大的贡献。

第十章　金融风险控制的微观主体策略

第一节　金融机构的风险控制策略

在现代金融市场中，金融机构面临的风险种类繁多，主要包括市场风险、信用风险、流动性风险、操作风险等。金融机构在应对这些风险时，需制定科学有效的风险控制策略，以保障其经营的安全性、稳定性和持续性。金融机构的风险管理不仅关乎自身的生死存亡，更关系到整个金融体系的稳定与经济发展。因此，金融机构必须提高风险识别、评估、监测和应对能力，以防范各种潜在的金融危机。

一、金融机构面临的主要风险

在探讨金融机构的风险控制策略前，首先需要明确金融机构所面临的主要风险类型。这些风险有各自的特点，也需要不同的管理措施。

（一）市场风险

市场风险是指市场价格变动或市场环境发生变化而导致金融机构的资产和负债价值发生波动，进而影响其财务状况的风险。市场风险通常包括利率风险、汇率风险、股价风险等。金融机构的资产负债表和投资组合都可能受市场风险的影响，因此，如何通过有效的策略来降低市场风险，已成为金融机构的核心任务。

（二）信用风险

信用风险是指借款人或交易对手未履行约定义务，或无力履约，导致金融机构发生损失的风险。信用风险通常涉及贷款、债务证券等信贷活动，它直接影响金融机构的盈利能力与资本充足率。随着金融市场的多元化，信用风险不仅存在于传统的贷款业务中，还渗透到衍生品交易、资产证券化等复杂的金融产品中。因此，如何评估借款人信用质量，建立有效的信用风险管理体系，成为金融机构不可忽视的重要课题。

（三）流动性风险

流动性风险是指金融机构无法及时或以合理价格变现资产，或在需要融资时无法获得足够资金，导致其经营活动受到影响的风险。流动性风险可能由资金市场的不稳定、金融资产的市场价值波动等因素引起。对于金融机构而言，流动性风险控制尤为关键，尤其是在宏观经济波动或金融危机期间，流动性风险可能迅速演变成系统性风险，甚至导致金融机构的倒闭。

（四）操作风险

操作风险是指由于内部流程、人员、系统等的失误，或外部事件的发生，导致金融机构遭受损失的风险。操作风险包括技术故障、内部欺诈、管理失误等。随着信息技术的快速发展和金融创新的加速，操作风险的形式也变得更加复杂，因此，金融机构需要加强信息技术系统、人员管理、流程控制等方面的能力建设。

二、金融机构的风险控制目标与原则

金融机构的风险控制不仅仅是为了应对单一的风险，而是要综合考虑多种风险因素，制定全面的风险控制目标。金融机构的风险控制策略不仅要保护其自身的稳定性，还要为其客户提供可靠的金融服务，同时促进整个金融体系的健康发展。以下是金融机构的风险控制的主要目标与原则。

（一）保护资本安全

金融机构的首要目标是确保资本的安全性，防止因风险发生而导致资本的严重损失。为此，金融机构需要评估其资本充足率，确保有足够的资本缓冲以应对潜在风险。监管机构通常会设定最低资本要求，以防止金融机构在面临风险时资金链断裂。

（二）保证盈利能力

在确保资本安全的基础上，金融机构还需要追求盈利性。通过有效的风险管理，金融机构可以减少因风险带来的潜在损失，从而维持或提升其盈利水平。良好的风险管理可以帮助金融机构识别并利用市场中的盈利机会，同时规避不必要的损失。

（三）提高市场竞争力

随着全球化和金融市场的开放，金融机构面临着越来越激烈的市场竞争。有效的风险管理可以帮助金融机构提高市场竞争力，通过合理的产品定价、优化风险结构等方式，提升其在市场中的地位。

（四）促进金融体系稳定

金融机构不仅仅是自身风险管理的主体，它们的稳定与安全还与整个金融体系的稳定密切相关。通过有效的风险控制，金融机构能够降低系统性风险的发生概率，减少金融危机的发生，从而促进金融体系的整体稳定。

三、金融机构风险控制的策略

金融机构在面对各种风险时，需采取多种策略进行有效管理。以下是金融机构常用的风险控制策略。

（一）风险识别与评估

风险识别与评估是金融机构风险管理的第一步。金融机构应当建立完善的风险识别机制，及时发现潜在的风险因素。风险评估则是对识别出的风险进行定量或定性分析，评估其可能对金融机构的财务状况和经营活动造成的影响。这一过程需要依靠先进的风险评估模型、历史数据分析和市场趋势预测等手段。

（二）风险限额管理

风险限额管理是一种将风险限制在可承受范围内的管理方法。金融机构可以通过设定不同类型的风险限额，控制各类风险的暴露度。例如，设定单一客户贷款的信用风险限额，或规定投资组合中各类资产的比例限制等。通过风险限额的管理，金融机构能够有效避免单一风险事件对机构的全面冲击。

（三）资产组合管理

资产组合管理是金融机构应对市场风险的一种重要手段。通过将资金分散投资于不同的资产类别（如股票、债券、房地产等），金融机构可以降低单一市场因素对其整体资产价值的影响。在资产组合管理中，风险分散是关键，金融机构需要根据市场情况和自身风险承受能力来调整资产配置。

（四）衍生品工具的应用

衍生品是金融机构进行风险对冲的重要工具。金融机构可以利用衍生品市场，通过期货、期权、掉期等工具，进行对冲操作，从而降低市场波动带来的风险。例如，通过购买期权保护自身的投资组合，或通过外汇掉期对冲汇率风险。衍生品工具的应用可以有效降低金融机构面临的市场风险。

（五）加强信息技术系统建设

在信息化时代，信息技术的安全性和可靠性对金融机构的风险控制至关重要。金融机构应当加强信息技术系统的建设，确保其数据管理、风险监控等系统的稳定性与安全性。此外，金融机构还应通过大数据、人工智能等技术手段，提升风险识别与评估的效率与精度。

（六）完善内部控制与合规体系

金融机构需要建立健全的内部控制体系和合规管理体系，以确保在日常经营过程中能够遵守相关法律法规，降低操作风险。完善的内部控制体系可以帮助机构发现管理流程中的漏洞，降低内部欺诈、操作失误等风险。此外，合规管理还可以确保金融机构的业务活动符合法规要求，避免因违法行为带来的法律风险。

金融风险控制是金融机构日常经营的核心任务之一，涵盖了市场风险、信用风险、流动性风险、操作风险等多个方面。金融机构需要制定科学有效的风险管理策略，从风险识别、评估到控制和对冲，确保其经营的稳定性和盈利性。随着全球金融环境的变化，金融机构的风险管理策略也需要不断创新与调整，以适应新的挑战和机遇。通过建立完善的风险管理体系，金融机构能够有效地降低风险暴露，提高市场竞争力，最终实现长期可持续发展。

第二节 企业的金融风险控制策略

在当今复杂多变的市场环境下，企业面临的金融风险越来越多样化，如何有效控制金融风险，保障企业的可持续发展，已成为企业管理中不可忽视的核心问题。企业在运营过程中，不仅要面临外部经济环境变化带来的金融风险，还要应对内部管理、资金运作、信用风险等一系列挑战。因此，建立完善的金融风险控制体系，对于企业的长期发展和稳定至关重要。本节将详细探讨企业如何采取有效的金融风险控制策略，帮助企业规避和降低金融风险。

一、企业金融风险的主要类型

（一）市场风险

1. 汇率风险

对于跨国经营的企业来说，汇率波动可能带来较大的财务风险。特别是在企业进行国际贸易时，汇率的波动可能导致外汇收益或成本的变化，从而影响到企业的利润水平。

2. 利率风险

企业在贷款或融资过程中，面临利率变动的风险。利率上升将增加企业融资成本，特别是对于依赖债务融资的企业，利率波动可能带来较大的财务压力。

3. 商品价格风险

企业的原材料采购价格可能受到全球市场波动的影响，尤其是对于资源密集型或原材料依赖型的企业，价格波动可能会直接影响到企业的盈利能力。

（二）信用风险

信用风险是指在借贷、债务支付等金融交易中，企业由于对方违约或无法履行合同义务，导致的资金损失风险。企业常常面临来自客户、供应商甚至金融机构的信用风险。如果客户违约或未按时支付货款，企业的现金流将受到影响，甚至可能引发财务危机。

（三）流动性风险

流动性风险主要是指企业在短期内无法满足支付义务的风险。由于资金短缺或资金链断裂，企业可能面临无法偿还债务或支付运营成本的困境。流动性风险不仅可能影响企业的日常运营，还可能引发更为严重的财务危机，进而影响到企业的声誉和市场地位。

（四）操作风险

操作风险是指企业内部管理和控制体系的缺陷，或者外部不可控因素导致的业务失败或损失。操作风险可能来源于人力资源管理、技术系统故障、内部欺诈等方面。企业必须在日常运营中加强对操作风险的防范和管控，以避免潜在的风险事件对企业造成较大损失。

二、企业金融风险控制的基本策略

为了有效控制金融风险，企业需要从多个角度入手，采用综合性、多层次的风险管理策略。以下是几种常见的金融风险控制策略：

（一）加强风险识别与评估

1. 建立全面的风险识别体系

企业应通过对外部环境、市场变化、财务状况、运营状况等因素的分析，全面识别可能影响企业经营的金融风险。特别是跨国公司，在进行全球化战略布局时，需要特别关注汇率风险、国际市场波动等因素。

2. 建立风险评估模型

在识别金融风险的基础上，企业还应建立完善的风险评估体系，利用定量分析和定性分析相结合的方法，对各类风险进行量化评估。通过对金融风险的大小、发生概率以及可能的影响程度进行评估，企业可以更有针对性地制定应对措施。

（二）优化资本结构与融资管理

1. 合理配置资本结构

企业的资本结构决定了其财务杠杆的高低，过高的财务杠杆会增加利率风险和流动性风险，而过低的杠杆则可能影响企业的盈利能力。企业应根据自身的运营状况、市场环境和发展战略，合理选择债务与股权融资的比例，以保持适度的财务杠杆。

2. 多元化融资渠道

企业在融资过程中，不应依赖单一的融资方式，而是要根据市场情况和企业自身的特点，采取多元化的融资策略。例如，我们可以结合银行贷款、发行债券、股权融资、商业票据等多种方式，为企业提供充足的资金支持，降低融资风险。

3. 资金流动性管理

为了控制流动性风险，企业应加强现金流的管理，确保资金的合理配置和充足储备。定期监控和预测现金流状况，合理安排各类债务的偿还期限，避免短期债务集中到期导致的资金链断裂。

（三）强化内部控制与合规管理

1. 完善内部控制体系

内部控制体系是企业防范操作风险和信用风险的重要保障。企业应建立健全的内部审计和控制机制，确保每一项业务操作都经过严格的审批和监督。同时，我们还应定期对内控制度进行评估和修订，确保其与企业实际情况相匹配，能够有效应对潜在的金融风险。

2. 加强合规管理

合规管理有助于企业降低违法违规行为带来的金融风险，特别是在银行信贷、证券投资等领域，企业的合规性直接影响到其融资成本、市场声誉和股东利益。企业应建立全面的合规体系，确保各项业务活动都符合相关法律法规，并通过内部培训和外部审计不断提升合规水平。

（四）利用金融衍生工具进行风险对冲

1. 外汇风险对冲

对于涉及跨国贸易或国际投资的企业，汇率波动带来的风险可能对其财务状况产生重大影响。企业可以通过外汇远期、外汇期权、外汇掉期等衍生工具进行汇率风险的对冲。通过在市场上锁定未来的汇率水平，企业能够有效规避汇率波动带来的损失。

2. 利率风险对冲

利率的波动会直接影响到企业的融资成本，尤其是对于长期负债较多的企业来说，利率上涨可能导致较高的利息支出。企业可以通过利率互换、利率期权等金融衍生工具，固定利率或选择较低的利率水平，从而降低利率风险。

3. 商品价格对冲

对于依赖大宗商品的企业，商品价格波动可能会对企业的成本结构产生重要影响。企业可以通过商品期货、期权等衍生工具进行价格对冲，确保采购成本的稳定，降低市场波动对企业利润的影响。

（五）建立健全的风险预警机制

企业需要建立金融风险预警机制，及时识别和应对潜在的风险。通过对财务指标、市场动态、客户信用等进行定期监控，企业可以提前发现异常变化并采取措施，避免风险的爆发。此外，企业还应建立应急预案和处理机制，一旦发生金融风险事件，能够迅速响应并采取有效措施进行应对。

三、企业金融风险控制的实施与挑战

（一）企业金融风险控制的实施路径

企业在实施金融风险控制策略时，首先需要制定详细的风险管理规划，并将其纳入公司整体战略框架中。其次，企业应加强风险管理团队的建设，选拔专业的金融风险管理人员，确保风险控制工作的顺利开展。最后，企业还应借助现代信息技术，如大数据分析和人工智能等手段，提高风险识别和预测的精度。

（二）面临的挑战

尽管金融风险控制策略能够有效帮助企业降低风险，但在实际操作过程中，企业仍会面临许多挑战。例如，市场环境的不确定性、全球化经营带来的跨国风险以及技术创新带来的新兴风险等，都增加了金融风险控制的难度。因此，企业在实施金融风险控制时，需要不断调整和完善相关策略，确保其始终适应外部环境和内部发展的变化。

企业金融风险控制是一项系统性的工作，涉及市场、信用、流动性、操作等多个方面。通过建立完善的风险识别、评估、控制和预警机制，企业能够有效应对日益复杂的金融风险，保障企业的持续稳定发展。金融风险控制不仅是企业财务管理的重要组成部分，也是企业战略决策中的关键因素。

第三节　个人投资者的金融风险控制策略

金融风险控制是保障金融市场稳定、促进经济健康发展的核心内容之一。随着市场经济的不断发展，金融市场的波动性加大，金融风险的类型也日益多样化。个人投资者作为金融市场的重要参与者，在进行投资决策时，必须具备风险意识，采取科学、合理的风险控制策略，以降低潜在的金融损失。本节将详细探讨个人投资者在金融风险控制中的策略，并为投资者提供具体的操作指导。

一、个人投资者金融风险控制的重要性

（一）金融市场波动性和复杂性的增加

近年来，全球金融市场的复杂性和波动性显著增加。市场信息的不对称、金融产品的多样化以及政策和经济环境的变化都使得投资者面临着前所未有的风险。特别是在股市、债市以及房地产等高风险领域，个人投资者若缺乏足够的风险控制能力，往往会面临较大的财务损失。因此，如何合理规划投资组合、设定风险容忍度、控制损失，已成为每个投资者必须重视的问题。

（二）金融风险对个人财富的影响

个人投资者的财富状况与其投资决策直接相关。无论是退休储蓄、子女教育基金，还是家庭理财，个人投资者都在通过理性投资来实现财富增值。然而，金融市场的不确定性使得投资者容易陷入风险陷阱。比如，过度依赖高风险、高回报的投资品种，或是盲目跟风投资，都可能导致资金损失。因此，采取适当的风险控制措施，能够在保证收益的同时，有效避免过度亏损，从而确保个人财富的安全和稳健增值。

二、个人投资者的风险识别与评估

风险评估是制定风险控制策略的基础。个人投资者在评估风险时，应结合自身的财务状况、投资目标和时间跨度进行综合分析。通常，个人投资者应对以下几个方面进行评估：

1. 财务状况

个人投资者的资产负债状况、收入水平、支出情况等都会影响其风险承受能力。财务状况较为稳健的投资者，可以承受一定的市场波动，而资金紧张或负债较重的投资者则应选择较为稳健的投资策略。

2. 投资目标

投资目标的不同决定了风险容忍度的差异。若投资目标为财富保值或退休储备，投资者应更加注重风险控制，选择低风险投资产品；而若目标为短期高收益，则可能需要承担较高的风险。

3. 时间跨度

投资期限越长，投资者可以容忍的风险也相应较高。在长期投资中，短期的市场波动可以通过时间的积累而得到平滑，反之，短期投资则需要更加谨慎。

三、个人投资者的金融风险控制策略

（一）分散投资，降低单一风险

分散投资是风险控制中最常用的一种策略。通过将资金分散投入不同的资产类别、行业、地域，个人投资者可以有效降低单一市场或资产波动对整体投资组合的影响。分散投资能够平衡收益和风险，避免由于个别投资失败而造成的重大损失。个人投资者可以通过以下方式实现投资分散：

1. 资产类别分散

将投资资金分散到不同的资产类别，如股票、债券、房地产、商品等。不同资产类别之间的相关性通常较低，当某一类别表现不佳时，其他类别可能表现良好，从而平衡整体风险。

2. 行业分散

个人投资者可以选择不同行业的公司进行投资。不同的行业受到的宏观经济因素和市场变化影响不同，行业分散有助于降低单一行业的系统性风险。

3. 地域分散

个人投资者可以将资金分散投资于不同国家或地区的金融市场。地域分散能够有效对冲特定国家或地区发生政治、经济波动时带来的风险。

（二）制定止损策略，控制潜在亏损

止损是个人投资者常用的风险控制工具，尤其适用于股票等高波动性的投资品种。止损策略的核心思想是设定一个明确的价格区间，当资产价格跌破该区间时，自动卖出，避免进一步的亏损。个人投资者在设定止损点时，通常应考虑以下几个因素：

1. 风险承受能力

止损点的设定应与投资者的风险承受能力相匹配。一般来说，投资者在亏损超过 10% 时，可考虑止损，避免损失过大。

2. 技术分析

通过对资产价格走势的技术分析，确定合理的止损点。技术分析工具如支撑位、阻力位、均线等，有助于我们判断资产价格的波动范围，从而设定合适的止损点。

3. 市场情绪

市场情绪的变化可能影响资产价格的波动。在市场出现明显的恐慌或非理性过度抛售时，投资者应及时调整止损策略，避免被市场情绪牵引。

（三）长期投资与稳健策略

长期投资是规避短期市场波动风险的重要策略。个人投资者通过选择具有长期增长潜力的资产进行投资，可以有效降低短期市场波动的风险，并实现财富的稳健增值。稳健的投资策略包括以下几点。

1. 选择优质资产

个人投资者应优先选择业绩稳健、财务状况良好的企业或产品。对于股票投资者而言，选择蓝筹股或稳定增长的行业，往往能够获得较为稳定的回报。

2. 定期定额投资

定期定额投资是一种减轻市场波动影响的策略。通过在固定时间间隔内定期投入相同金额的资金，个人投资者可以平摊市场的高低点，降低市场短期波动带来的风险。

3. 保持资金流动性

长期投资并不意味着将资金完全“束缚”在某一资产上。个人投资者的资金应保持适当的流动性，以应对突发的市场变化或个人财务需求。

（四）风险管理与情绪控制

情绪控制在金融风险控制中占有重要地位。个人投资者往往在面对市场波动时，容易产生焦虑、恐慌等负面情绪，从而做出不理性的投资决策。因此，良好的情绪管理和风险管理是个人投资者必须掌握的技能。风险管理不仅仅通过具体的投资工具来控制风险，还需要培养长期理性的投资思维。

1. 保持冷静

无论市场如何波动，个人投资者都应保持冷静，不盲目跟风或恐慌抛售。理性判断市场趋势，避免情绪化操作。

2. 制订投资计划

个人投资者应在投资前制订明确的投资计划，包括目标、风险承受能力、投资组合等。在市场出现波动时，依照计划行事，而非凭借情绪做出决策。

3. 及时调整策略

市场条件会不断变化，个人投资者需要定期评估和调整投资组合和风险控制策略，以适应新的市场环境。

个人投资者在面对复杂多变的金融市场时，必须具备一定的风险意识，采取科学合理的风险控制策略。

第四节　微观主体金融风险控制案例分析

一、案例背景与分析框架

金融风险的发生是一个复杂且多维的过程，往往源于多种因素的交织，包括市场环境的变化、经济周期的波动、政策的调整以及企业内部管理的缺陷。它不仅仅是宏观经济层面的挑战，更是微观主体，特别是金融机构、企业及投资者必须面对和解决的核心问题。在金融风险控制中，宏观调控政策起到了重要的引导作用，但微观主体的有效应对措施同样至关重要，只有在微观主体与宏观经济政策的共同作用下，才能最大限度地减轻金融风险对经济体系和社会的负面影响。

在深入分析具体案例之前，我们首先需要理解金融风险的概念以及金融风险控制的基本框架。金融风险是指由于金融市场的不确定性，导致金融产品或金融市场本身的价值发生变化，从而对企业、金融机构、投资者等主体产生不利影响的风险类型。金融风险可以细分为市场风险、信用风险、流动性风险和操作风险等，这些风险往往互相关联并相互作用。市场风险主要是指由于市场价格波动而引起的风险，涉及金融资产价格的变动、利率的变化、外汇汇率的波动等；信用风险则是由于借款人无法按期履行债务而产生的风险；流动性风险指的是企业或金融机构无法迅速变现其资产来满足资金需求的风险；而操作风险则是指企业内部管理问题或者技术系统故障等导致的风险。

面对这些风险，金融风险控制的核心目标是最大限度地识别、评估、控制和监测风险，确保企业或金融机构在承受一定风险的前提下，实现稳健的经营和可持续发展。有效的风险控制策略不仅能帮助企业降低潜在的损失，还能增强其应对突发风险事件的能力，提高企业在复杂多变的市场环境中的竞争力。具体而言，企业和金融机构在面对金融风险时，可以通过建立健全的风险控制体系、进行风险识别与评估、制定有效的风险控制措施、采取分散风险的策略等手段来应对潜在的金融风险。这些措施需要结合企业的实际情况，因地制宜地进行调整和优化，以确保金融风险控制措施的高效性与针对性。

二、案例一：某中型企业的财务风险控制策略

某中型企业自20世纪末成立以来，逐步发展成为国内制造业中的佼佼者，专注于汽车零配件的生产与销售。在国内市场不断扩大的背景下，该企业开始拓展国际市场，希望通过全球化战略进一步提升品牌影响力和市场份额。然而，随着国际市场的深入，企业在全球化进程中所面临的各种金融风险逐渐暴露出来。尤其是在2008年全球金融危机爆发后，企业面临的财务风险急剧增加，资金链的压力与日俱增，迫切需要有效的财务风险控制策略来应对这些挑战。

进入21世纪后，企业为了追求更高的市场份额，积极参与国际市场竞争。随着业务的拓展，企业的收入结构发生了显著变化。大量的收入开始依赖于海外市场，这使得汇率波动和外汇风险成为企业面临的首要问题。特别是，企业出口的产品以美元和欧元为主要结算货币，而国内生产的成本则以人民币为主，这就导致了企业暴露在汇率波动的风险之下。在全球经济波动尤其是金融危机期间，外汇汇率的不确定性加剧了这一问题，给企业的收入和利润带来了较大的波动，甚至直接影响到其盈利能力。

与此同时，企业在扩张过程中，也面临着另一个隐患——负债率过高。为了满足生产与运营的资金需求，企业过度依赖银行贷款，尤其是在扩张初期，企业对融资的需求十分迫切，银行贷款成为企业资金来源的主要渠道。随着负债率的不断提高，企业的偿债压力逐渐加大，短期内的偿债能力受到质疑。特别是在2008年全球金融危机爆发之后，信贷市场的不稳定使得企业的资金流动性问题愈发突出，银行的贷款政策趋于紧缩，企业的融资困难进一步加剧。此外，由于企业的产品多依赖于海外市场，其销售收入受国际市场需求波动的影响较大。无论是国际油价的波动，还是全球经济的起伏，都可能对企业的销售业绩产生直接影响。正是由于这些复杂多变的市场因素，使得企业面临着越来越多的经营风险，尤其是在全球经济放缓和金融危机的背景下，市场的不确定性使得企业的经营环境愈加复杂。

为了有效应对这些日益严峻的财务风险，企业不得不采取一系列财务风险控

制策略。首先，企业必须识别和评估潜在的风险，并制定相应的应对措施。在这一过程中，企业深刻认识到外汇风险、债务风险及流动性风险是影响企业财务稳定性的核心因素。因此，企业将风险控制的重点放在了如何降低外汇波动的负面影响、如何优化债务结构以降低偿债压力，以及如何加强资金流动性管理上。

针对外汇风险，企业采取了外汇风险对冲策略。该策略的核心是通过外汇远期合约、外汇期权等金融工具进行对冲，降低外汇波动对企业收入和利润的影响。在企业与国际金融机构的合作中，金融专家为其量身定制了合适的外汇对冲方案。通过签订外汇远期合约，企业能够在未来某个特定时点按预定汇率结算外汇，从而避免了汇率波动带来的损失。而外汇期权则赋予了企业在市场汇率有利时以较低成本进行交易的选择权，这使得企业能够在汇率波动时灵活应对。此外，为了缓解负债压力，企业还对债务结构进行了优化。首先，企业进行了债务重组，与银行和债权人达成了协议，延长了债务的偿还期限，降低了利息负担。通过与债权人协商，企业争取到了更多的偿还时间，这使得短期内的偿债压力大大减轻，同时企业也能够将资金更好地用于日常运营和生产。同时，企业还通过调整融资结构，降低了高风险贷款的比例，转向了更多的长期低利率融资工具，如债券等。通过这些措施，企业的负债结构得到了优化，偿债风险得到了有效控制。

在资金流动性管理方面，企业也采取了严格的预算管理体系，确保在面对不确定的市场环境时，能够拥有足够的流动资金应对突发风险。为了避免流动性风险，企业加强了现金流的管理，确保每一笔资金的使用都有严格的规划。通过建立资金池，企业能够集中管理资金，并及时调配资源，以应对资金链的任何突发情况。此外，企业还与多个金融机构建立了良好的合作关系，确保在需要资金时能够快速获得银行的支持。

实施这些风险控制策略后，企业在一定程度上缓解了财务风险。外汇风险的对冲策略有效减弱了汇率波动带来的收入波动，使得企业能够在国际市场中更加稳定地进行交易。债务结构的优化和资金流动性管理的加强，帮助企业降低了偿债压力，确保了资金的正常流转。通过一系列有效的风险控制手段，企业逐步恢复了资金链的稳定，逐渐从金融危机的阴影中走了出来。然而，尽管采取了上述措施，企业在实际操作过程中仍面临着一些挑战。首先，由于外汇市场的波动性极大，外汇风险对冲策略并非总是能够完美执行。汇率的突发变化依然可能对企业的收入和利润产生较大影响。其次，债务重组虽然在短期内缓解了企业的偿债压力，但长期来看，企业的负债率依然较高，债务风险仍然存在。因此，企业在未来的财务管理中，仍需不断优化其债务结构，寻找更加稳妥的融资方式。此外，企业在进行资金流动性管理时，虽然采取了严格的预算管理和现金流控制，但全球市场的不确定性依然可能带来突发事件。例如，国际贸易政策的变化、全球经济形势的波动等因素都可能影响企业的资金流动。因此，企业在未来应进一步加强对外部环境的监控，及时调整财务策略，以应对不可预见的风险。

某中型企业在面对金融危机及其带来的财务风险时，采取了有效的控制策略，成功降低了外汇风险、债务风险和流动性风险，保持了企业的财务稳定。虽然当前的财务风险得到了有效缓解，但企业仍需在未来继续优化财务管理体系，保持高度的风险敏感性，并灵活应对不断变化的市场环境。

三、案例二：某银行的信用风险管理

在当今复杂多变的金融市场中，银行作为金融体系中的重要组成部分，承担着为经济发展提供资金支持的重要职责。然而，随着市场环境的变化和企业经营方式的多样化，银行在提供贷款支持的过程中往往面临着各种风险，尤其是信用风险。信用风险作为银行面临的最主要风险之一，直接关系到其财务稳定性、声誉以及未来的发展潜力。

某银行作为国内一家中型商业银行，近年来在经济发展和市场竞争压力的双重作用下，逐步加大了对中小企业的贷款支持力度。中小企业作为中国经济的主体，承担着重要的社会责任和经济职能，因此，银行在支持其发展的过程中，往往会给予一定的贷款支持。然而，由于中小企业在管理上存在诸多问题，如经营管理不善、资金链脆弱、缺乏有效的风险控制等，导致银行在贷款回收过程中面临较大的信用风险。随着市场竞争的加剧以及贷款额的不断增加，银行的信贷风险也逐渐显现出来。

2014 年，银行出现了部分贷款违约的情况，导致其财务状况严重恶化，声誉受到严重损害。这一违约事件的发生，标志着银行在贷款业务中未能有效控制信用风险，也暴露了其在贷款审批、风险评估及后期管理等方面的诸多不足。面对这一局面，银行高层决定采取一系列措施，通过加强信用风险控制来恢复银行的信贷业务和市场形象。银行亟须寻找出一套有效的信用风险控制方法，以应对当前的困境，并确保未来的贷款业务能够稳定健康地发展。

在银行对贷款风险进行分析的过程中，发现中小企业的贷款违约率较高。经过深入分析，银行认为其高违约率的根本原因是这些中小企业普遍存在的财务不稳和管理不善等问题。许多企业的经营管理模式存在明显缺陷，资金运作也缺乏规范性和透明性，这使得其财务状况经常出现波动。与大型企业相比，中小企业的经营风险更大，且缺乏应对突发事件的能力和足够的资金储备，当其遇到市场环境不利或经营压力较大等情况时，容易出现现金流危机，从而无法按期偿还贷款。与此同时，银行内部的风险控制机制存在明显漏洞。首先，在贷款审批过程中，部分贷款经理未能严格按照银行的风控标准进行审核，放宽了贷款的审查标准，尤其是对借款人企业的信用状况、财务报表等核心信息的审查不够严格。部分贷款经理过于依赖借款人的自我申报，忽视了借款企业潜在的风险点，这为违约事件的发生埋下了隐患。其次，银行的信用风险管理体系未能及时跟进，也未能对潜在风险进行有效的识别和评估。在一些贷款项目中，银行未能建立起有效的贷后管理机制，导致在贷款发生违约时，银行未能及时采取干预措施。

除了以上两个主要原因，银行还未能建立起完善的风险预警机制。在许多情况下，银行并未对企业的运营状况进行实时监测，导致企业经营出现问题时，银行未能及时发现并采取措施。这种被动的管理方式，使得银行在面对突发风险时显得反应迟钝，难以及时应对，最终导致贷款违约的发生，影响了银行的财务健康和市场声誉。

面对日益严峻的信用风险形势，银行意识到仅仅依靠传统的风险管理手段已经无法满足市场变化的需求，因此，银行开始采取一系列创新的风险控制策略来应对当前的信用风险挑战。

首先，银行决定完善贷款审批流程，全面审查和改进贷款申请的审核机制。银行提出，贷款审批应当更加注重细化和专业化，尤其是在对借款人财务报表、经营状况、信用历史等信息的审核上，要严格要求，确保贷款质量。贷款经理需进行更加全面和深入的背景调查，尤其要关注企业的经营模式、市场前景、现金流状况等核心信息，避免出现过度放宽贷款标准的情况。同时，银行还加强了对贷款审批人员的培训，提高其风险意识和专业能力，确保他们能够在审贷过程中识别出潜在的风险点。其次，银行引入了先进的信用评估模型，建立了科学的信用风险评估体系。通过引入机器学习和大数据等技术，银行能够实时监测客户的信用状况，并根据客户的历史行为、财务状况以及行业环境等多维度的数据进行综合评估。该模型能够实时识别出贷款客户的潜在风险，及时发现违约的预兆，并在风险达到一定程度时，系统会自动发出预警信号，提醒贷款经理进行干预。这一机制的引入，大大提高了银行在贷款审批和后期管理中的风险识别能力，使得银行能够在贷款过程中更加精准地评估风险，并采取有效的控制措施。

为了进一步分散信用风险，银行还采取了多元化的风险分散策略。银行在贷款时避免单一行业或单一企业的风险过度集中，而是通过行业多元化和客户多样化来降低信用风险。例如，银行不仅向传统的制造业和零售业提供贷款，还积极向科技、互联网、绿色能源等新兴行业的企业提供信贷支持。这种多元化的贷款策略，能够有效降低某一行业或某一企业发生经营困难时对银行整体资产质量的影响。此外，银行还加强了贷后管理工作，建立了完善的贷款跟踪机制。银行要求贷款经理定期检查贷款企业的经营状况，并向银行报告最新的财务和运营情况。如果银行发现借款企业的经营状况发生了较大变化，能够及时采取措施进行干预，如调整贷款期限、增加还款保障等，最大限度地降低违约风险。

经过一段时间的调整和改善，银行的信用风险得到了有效控制。银行严格按照新的贷款审批流程进行贷款审批，贷款经理的专业能力得到了显著提升，其贷前审查工作变得更加细致全面。在风险评估模型的帮助下，银行能够及时识别潜在的违约风险，并通过提前干预措施，避免了大规模的贷款违约事件发生。贷款违约率大幅下降，贷款回收率显著提高，银行的资产质量得到了恢复。

不仅如此，银行的声誉也得到了有效修复。在信贷风险控制措施逐步落实的过程中，银行开始重新赢得客户的信任和市场的认可，逐步恢复了业务的增长势头。此案例表明，银行在面对信用风险时，必须注重贷前审查、贷后管理和风险预警机制的建设。同时，银行还需结合行业和市场变化，灵活调整风险管理策略，通过多元化的风险分散手段来降低整体信用风险。通过这些措施，银行能够有效地防范和应对信用风险，确保其在激烈的市场竞争中稳步前行。

四、案例三：某投资机构的市场风险控制

在全球股市和债市波动性极大的背景下，某投资机构面临着巨大的市场风险。此时，投资机构的财务状况急剧恶化，损失惨重。面对如此严峻的市场环境，该投资机构意识到必须采取更加严格的风险控制措施，以便在未来的市场不确定性中维持自身的稳定和盈利能力。

在全球市场的不确定性加剧时，投资机构首先着手识别和评估自身面临的主要风险。市场的波动性不仅仅影响股票和债券的价格，还可能引发更广泛的系统性风险，这些都需要被纳入风险管理框架。机构的风险管理团队首先识别了来自价格波动的风险，这其中包括了股市的下跌风险和债券市场的利率波动风险。同时，流动性风险成为一个不可忽视的问题，因为市场的不确定性使得部分资产的流动性下降，可能导致投资机构在急需变现时遇到困难。此外，系统性风险的出现使得整个市场的波动可能通过连锁反应影响到机构的各类资产，尤其是当市场高度依赖某一特定区域或行业时，系统性风险的敞口尤为突出。

通过深入的分析，机构发现，自己过于依赖于单一市场的投资，尤其是在一些成熟的市场上集中持仓，而缺乏足够的分散投资。相较于其他具备广泛市场布局的竞争对手，机构的投资组合过于集中，导致其承受的风险比其他多元化投资组合要大得多。

意识到这一点后，投资机构开始迅速调整其风险管理策略，并采取了多项措施，以确保其能够有效应对市场波动带来的影响。首先，投资机构对其投资组合进行了重新评估，并做出了重大调整。通过对多个资产类别的评估，机构决定大幅增加低相关性资产的配置，旨在降低整体投资组合的波动性。例如，增加了黄金、房地产以及对冲基金等资产，这些资产与传统股票和债券的相关性较低，从而能够有效降低市场波动带来的风险。此外，机构还将一部分资金转向了全球新兴市场，这些市场通常在全球股市波动时与成熟市场表现出不同的反应，进一步提升了组合的分散性。

除了通过资产多元化来降低风险，投资机构还建立了一个市场波动性监测系统，强化了对全球市场动态的实时监控。市场的不确定性使得股市和债市的波动更加剧烈，而实时数据的跟踪和分析能够为机构提供及时的决策支持。通过这套监测系统，机构能够捕捉到市场中的短期变化和潜在的风险信号，从而在必要时快速调整投资策略。举例来说，机构会在全球股市出现极端波动时，及时调整股票仓位，或在债券市场出现大规模利率变动时，调整利率敏感型资产的持有比例。这种灵活的调整能够有效降低市场风险的暴露，减少可能的损失。

除了上述的组合多元化和波动性监控，机构还通过衍生工具对冲了市场带来的风险。期货、期权等衍生工具成为风险控制的利器。通过期货合约，机构能够对股票、债券等资产的价格波动进行对冲，从而在市场剧烈波动时避免资产价值的剧烈下跌。期权的使用则让机构在不确定的市场环境中获得了更高的灵活性。例如，机构购买了看跌期权，当市场出现大幅下跌时，期权的升值能够抵消部分实际资产损失。通过这些衍生工具的使用，投资机构能够有效减少市场大幅波动带来的损失，确保在市场不确定性较高的时期，投资组合的整体价值能够保持稳定。通过这一系列的风险控制措施，投资机构在应对市场风险时取得了显著的成效。随着市场的不确定性逐渐增加，机构的投资组合波动性得到了有效控制。

第十一章　金融风险控制的宏观经济影响

第一节　对经济增长的影响

经济增长是一个国家经济健康发展的核心体现。无论是在发展中国家，还是在发达国家，金融风险控制都扮演着至关重要的角色。金融体系的稳定性直接影响着经济增长的质量与可持续性，尤其是当金融市场面临风险冲击时，经济增长往往会受到深刻影响。因此，合理的金融风险控制措施对于促进经济增长和实现宏观经济的长期稳定至关重要。本节将深入分析金融风险控制对经济增长、金融稳定、货币政策和财政政策等的影响。

一、金融风险与经济增长的关系

金融风险是指金融市场或金融体系在正常运作过程中，各种外部或内部因素引起的潜在的经济损失或负面影响。金融风险通常表现为资产价格波动、市场流动性风险、信用风险以及政策变动带来的系统性风险等。这些风险不仅对金融市场本身产生影响，还可能蔓延到实体经济，对经济增长带来直接或间接的负面影响。

（一）金融风险控制对资源配置效率的提升

在一个健康的金融体系中，资金应当能够高效地流动到最具生产力的行业和企业，推动经济的长远发展。而金融风险控制的主要目标之一就是确保资源配置的合理性与高效性。当金融市场处于高风险状态时，投资者和金融机构会变得更加谨慎，导致资本市场的资金流动性下降，投资风险上升，从而影响到资源的有效配置。这种情况下，一些优质的项目可能因为融资困难或资本短缺而无法获得资金支持，进而影响经济的整体增长速度。相反，金融风险得到有效控制后，资本市场的信任度和稳定性会增强，资本流动性恢复正常，资金能够更多地流向高效益的行业和领域，推动技术创新、产业升级等。有效的金融风险管理不仅提高了资本市场的资源配置效率，还帮助经济体系实现了更优的增长模式，降低了经济波动对增长的负面影响。

（二）金融风险控制对金融市场稳定的作用

金融市场稳定是经济增长的基础。如果金融体系存在着高风险的不确定性，尤其是系统性金融风险容易引发市场恐慌，这种局面会导致金融市场的剧烈波动。金融市场的不稳定性不仅影响投资者的信心，还可能导致消费和投资行为的恶化，抑制经济增长。

金融风险控制的措施有助于降低这种不确定性和系统性风险。例如，监管机构实施的宏观审慎政策、金融机构的资本充足率要求以及应急流动性管理等手段，能够有效防范金融危机的发生。一个稳定的金融市场为企业的资金筹措、消费者的信贷需求以及政府的财政支出提供了保障，从而为经济增长提供了有力支撑。

（三）金融风险控制与投资信心的关系

金融市场的波动性往往会对投资者信心造成重大影响。金融风险控制措施的落实有助于提高投资者对金融市场的信心，从而促进投资的稳定增长。在一个高风险的市场环境下，投资者往往会选择回避风险，降低投资的意愿。这种情形下，企业的资金链会受到制约，投资回报也可能受到影响，从而对经济增长产生不利影响。

当金融风险被有效控制后，投资者会认为市场环境相对安全，投资的预期回报较为明确，这将刺激其增加投资。在宏观经济层面，增加的投资会推动技术创新、产业结构调整和社会资本积累，从而有助于经济增长的持续性和稳定性。

二、金融风险控制对就业的影响

就业问题直接影响到社会稳定和经济增长。金融风险的存在常常导致企业融资困难，特别是中小企业，容易面临资金短缺的困境。企业在资金链紧张时，会缩减投资计划，甚至停产或裁员，造成失业率的上升，从而影响到经济的健康发展。

金融风险控制能够帮助金融机构保持足够的资本准备金，确保资金能够顺利流动到有需要的领域，尤其是中小企业和创业公司。金融风险管理可以使得企业在面临市场风险时，能够获得必要的融资支持，持续扩大生产规模，开放更多的就业岗位。例如，一些政府出台的金融支持政策，如创业贷款、创新资金池等，都能有效缓解企业的融资压力，从而推动就业增长和经济繁荣。

三、金融风险控制对宏观经济周期的调节

宏观经济周期具有明显的波动性，经济在发展过程中经常会经历繁荣与衰退的交替。金融体系作为经济的血脉，其稳定性直接影响到经济周期的波动幅度。金融风险的失控会导致经济过度膨胀或严重萎缩，形成周期性波动，给经济增长带来严重冲击。

通过金融风险控制，政府和金融监管机构能够在经济周期的不同阶段采取适当的措施，调整货币政策和财政政策，防止金融过度扩张或过度紧缩，稳定经济增长。例如，在经济过热时，央行可以通过提高利率、收紧信贷等措施，抑制过度的资本流动；而在经济衰退时，央行可以采取降息、宽松政策等措施，刺激经济回暖。金融风险控制在此过程中发挥着调节宏观经济周期的重要作用，保持经济增长的平稳运行。

四、金融风险控制对国内外贸易的影响

在全球化背景下，国内外经济和金融市场高度联动，金融风险不仅对国内经济增长产生影响，还可能波及国际市场。国际资本流动、外汇汇率波动以及外资企业的投资决策都受金融风险控制的影响。

有效的金融风险控制措施能够提高本国金融市场的透明度和稳定性，增强国际投资者对本国市场的信任度，从而吸引更多的外资流入，推动外贸出口和国际合作。与此同时，通过金融风险控制，可以确保国内企业能够稳定运营，避免因金融危机而陷入困境，保护国内经济的增长动能。

五、金融风险控制与宏观政策协调的关系

金融风险控制不是孤立存在的，它需要与宏观经济政策协调实施，才能产生最大的经济增长效益。政府在制定宏观经济政策时，应当考虑到金融市场的稳定性与风险因素，确保财政政策、货币政策和金融监管政策的有机结合。例如，政府在实施扩张性财政政策时，必须考虑到金融市场的承受能力，以避免因债务过高或融资困难而引发金融风险。同时，央行在制定货币政策时，也要关注金融市场的波动性，避免政策过度刺激市场，造成金融泡沫。这种政策协调有助于形成稳定的经济增长环境，从而增强金融风险控制对经济增长的正向作用。

金融风险控制是确保经济增长的重要工具，能够在多个层面产生深远的影响。通过提高资源配置效率、稳定金融市场、增强投资信心、促进就业增长和调节宏观经济周期，金融风险控制不仅有助于推动短期经济增长，还为长期可持续发展提供了保障。随着全球化进程的推进，金融风险控制的作用愈加凸显，政府和金融监管机构需要进一步加强金融体系的健康建设，完善风险防控机制，为经济增长提供强有力的支持。

第二节　对金融稳定的影响

在现代化经济体系中，金融稳定是经济健康发展的关键保障之一。金融体系的稳定不仅关乎银行体系、资本市场、金融机构等的安全运作，还涉及货币政策、财政政策的有效实施，乃至国家经济的整体运行状况。金融风险的控制，尤其是在宏观经济层面的调控，对于维护金融系统的稳定至关重要。本节将从多个维度详细分析金融风险控制对金融稳定的影响，探讨金融风险控制与稳定之间的密切关系。

一、金融风险控制与金融稳定的内在联系

（一）金融稳定的定义与重要性

金融稳定通常是指金融体系的各项功能能够有效且顺畅地运作，在外部冲击下仍能维持对经济的服务功能，包括资本的流动、信贷的供应、支付系统的正常运行等。金融稳定的重要性体现在多个方面。首先，它直接影响到资金的高效配置，进而影响到资源的有效利用和经济增长的可持续性。其次，金融稳定有助于增强市场对金融体系的信心，防止资本市场的恐慌性波动及银行的挤兑现象。最后，金融稳定也是金融政策实施的基础，只有在稳定的金融环境下，中央银行的货币政策、政府的财政政策才能得到顺利实施，经济调控效果才能得以最大化。

（二）金融风险对金融稳定的威胁

1. 引发系统性金融风险

当部分金融机构面临如信用风险、市场风险、流动性风险等金融风险时，若这些机构之间存在紧密的关联和复杂的业务往来，风险可能会在金融机构之间迅速传染，导致多个金融机构接连出现问题，进而引发系统性金融风险，使整个金融体系陷入动荡和危机，如 2008 年的美国次贷危机，最终演变成了全球性的金融危机。

金融市场的高度关联性也使得风险容易在不同市场之间蔓延。例如，股票市场、债券市场、外汇市场和房地产市场等之间相互影响，一个市场的波动可能会迅速波及到其他市场，引发市场的整体动荡，从而威胁金融稳定。

2. 导致金融机构经营困难

信用风险会使金融机构的不良资产增加，贷款违约率上升，导致金融机构的资产质量下降，盈利能力减弱，甚至可能面临破产的风险，如一些银行在经济下行期间，由于企业违约增多，出现了大量的不良贷款，严重影响了其正常经营。

流动性风险则可能导致金融机构在需要资金时无法及时获得足够的流动性来满足提款需求或履行支付义务，从而引发挤兑等危机，如 2023 年美国的硅谷银行事件，因市场利率上升，其持有的债券资产价值大幅缩水，同时面临储户的集中挤兑，最终在短时间内倒闭。

3. 影响金融市场正常运行

市场风险中的资产价格大幅波动，如股票价格暴跌、债券价格下跌、汇率大幅波动等，会使得投资者遭受巨大损失，市场信心受挫，进而导致金融市场的流动性枯竭，交易活跃度下降，影响金融市场的正常功能发挥，如在股市暴跌期间，大量投资者恐慌性抛售股票，造成市场流动性不足，正常的买卖交易难以进行。同时，金融市场的不稳定还可能引发投资大幅减少，因为投资者担心资产价值的进一步下跌和风险的扩大，会变得谨慎保守，延迟或取消投资计划，这不仅影响金融市场的自身发展，也会对实体经济产生负面影响。

4. 破坏金融基础设施稳定

金融基础设施如支付清算系统、信用评级机构、金融信息服务系统等，是金融体系稳定运行的重要支撑。金融风险可能导致这些基础设施出现问题，如支付清算系统的故障或瘫痪，将严重影响金融机构之间的资金划转和结算，引发金融体系的连锁反应，甚至导致金融交易的停滞。另外，信用评级机构的不准确评级或失误也可能误导投资者决策，加剧市场的不稳定因素。

5. 影响宏观经济稳定

金融风险引发的金融不稳定会通过多种渠道传导至实体经济，导致经济增长放缓、衰退甚至长期停滞。例如，信贷市场的紧缩会使企业和居民难以获得贷款，从而抑制投资和消费，减少经济活动，增加失业率，如欧洲债务危机期间，许多国家的经济陷入了长期的低迷和衰退。宏观经济的不稳定又会进一步加剧金融风险，形成恶性循环，严重威胁金融稳定。

6. 引发社会问题

金融风险导致的经济衰退和失业率上升，会使居民收入减少，生活水平下降，进而引发社会不满情绪的增加，可能导致社会动荡和不稳定，影响社会的和谐与稳定，给国家的治理和社会的发展带来巨大挑战。

二、促进金融稳定的金融风险控制机制

金融风险控制是通过制定相关的政策、法规及风险管理措施来降低金融风险，从而保障金融体系的稳定性。有效的金融风险控制能够通过以下几个机制促进金

融稳定：

（一）完善的金融监管框架

金融监管是金融风险控制的核心手段之一。通过对银行、证券、保险等金融机构的监管，确保它们按照规定进行风险管理、资本充足等操作。完善的金融监管体系可以及时发现金融机构的潜在风险，采取相应的措施进行预警和干预。各国的金融监管框架一般包括中央银行的货币政策调控、金融监管机构的现场检查和审计以及金融市场的公开透明等环节。金融监管的核心目标是确保金融机构的运营稳健，防止银行倒闭、资本市场崩溃等重大事件的发生。

（二）适当的预警机制

金融风险控制需要建立有效的预警机制，及早识别潜在的金融风险。预警机制的建设不仅依赖于传统的财务审计和市场数据分析，还应当引入先进的技术手段，如大数据分析、人工智能等。这些技术能够帮助监管机构和金融机构更精确地预测市场的潜在风险，并提前采取措施加以应对。例如，利用大数据技术可以实时监控银行的资产负债状况、投资组合的风险敞口等，及时发现可能影响金融稳定的因素。通过不断优化和完善预警机制，金融市场可以更早地识别风险点，并在其扩展之前进行有效控制。

（三）资本充足要求

金融机构的资本充足性是防范金融风险的重要手段。监管机构通常要求银行和其他金融机构保持一定的资本充足率，以应对突发的市场风险。资本充足要求不仅保证金融机构有足够的缓冲资金来应对潜在损失，还能够增强投资者和存款人的信心，避免因资本不足导致的金融危机。例如，巴塞尔协议要求全球银行必须维持至少 8% 的资本充足率，其中核心一级资本要求不低于 4%。这一规定有效地降低了全球金融体系的系统性风险。

（四）市场的透明度和信息披露

市场的透明度和信息披露是金融风险控制的另一个重要方面。通过加强市场信息披露，尤其是上市公司、金融机构和政府的财务状况、风险管理措施等信息的公开，市场参与者能够更好地理解风险的来源和可能的后果，进而做出理性的决策。透明的市场环境有助于减少市场的不确定性和信息不对称，安抚投资者的恐慌情绪，保持市场的稳定运行。

三、金融风险控制与金融稳定的挑战

（一）全球化背景下的金融风险传染性

随着全球金融市场的互联互通，各国的金融市场、资本市场和银行体系相互依存，金融风险的传染性日益增强。一个国家的金融市场出现问题，可能迅速波及其他国家，甚至引发全球性的金融危机。例如，2008年全球金融危机就源于美国次贷危机，但它迅速蔓延到全球，造成了世界经济的广泛衰退。因此，金融风险的控制不仅要关注国内市场的稳定，还需要加强对国际市场的合作与监管，弱化跨境风险的传导效应。

（二）金融创新与风险控制的矛盾

金融创新，尤其是金融衍生品、互联网金融等新兴金融工具的出现，给金融市场带来了许多新的风险。这些新型金融工具的复杂性和不确定性使得传统的风险控制手段难以适应。如何在鼓励金融创新的同时，有效控制新兴金融工具带来的风险，是金融监管面临的巨大挑战。金融监管机构需要不断调整监管政策，及时跟紧金融创新的步伐，确保新型金融产品在风险可控的范围内运行。

（三）宏观经济的不确定性对金融风险控制的影响

宏观经济环境的不确定性也是金融风险控制面临的重要挑战。经济周期、国际政治形势、自然灾害等外部因素可能对金融市场造成影响，进而影响到金融稳定。例如，经济增长放缓、失业率上升等宏观经济问题可能导致银行的不良贷款增加，资本市场的风险加大。因此，在进行金融风险控制时，需要充分考虑宏观经济形势的变化，及时调整风险控制策略。

四、金融风险控制对金融稳定的长远影响

金融风险控制对金融稳定的影响不仅限于短期内的危机防范，还会对金融体系的长远发展产生深远影响。首先，风险控制机制的建立和完善能够增强市场对金融体系的信任，提高资本流动效率，进而促进经济发展。其次，金融稳定有助于提高资源配置的效率，使资金能够流向最具创新力和发展潜力的行业和企业，

推动经济结构优化和技术创新。最后，金融稳定有助于提高国家经济的抗压能力，降低外部冲击对经济的负面影响。

总的来说，金融风险控制对金融稳定的影响是多方面的、深远的。通过加强监管、完善预警机制、提升透明度等手段，金融风险可以得到有效管理，从而保障金融体系的健康稳定运行。然而，金融风险控制仍面临诸多挑战，需要各国政府、金融机构及国际组织共同努力，不断调整和完善风险控制措施，以应对日益复杂的金融环境和全球经济的不确定性。

第三节　金融风险控制对货币政策和财政政策的影响

一、对货币政策的影响

在现代化经济体系中，金融风险控制与货币政策之间有着紧密的联系。金融风险，指的是金融系统中可能发生的、对金融机构及其交易产生不利影响的各种风险，通常包括信贷风险、市场风险、流动性风险和操作风险等。而货币政策则是国家中央银行通过调整货币供应量、利率等手段，影响经济运行、调节通货膨胀、稳定币值和促进就业的政策工具。在此背景下，金融风险控制对货币政策的影响不容忽视，尤其是在经济全球化及金融市场高度发展的今天。以下将详细探讨金融风险控制如何影响货币政策的实施。

（一）金融风险对货币政策的传导机制

货币政策的实施通过一系列复杂的传导机制影响经济活动，包括银行信贷、消费和投资决策、资产价格以及市场预期等。金融风险的控制，尤其是系统性风险的管理，对这些传导机制有着深远的影响。

1. 对利率渠道的影响

货币政策的最直接传导渠道通常是利率，通过调整利率，中央银行能够影响银行间市场的资金成本，从而影响消费者和企业的融资成本。金融风险控制的有效性直接影响市场的利率波动幅度及其稳定性。金融风险过度暴露可能引发市场的不安情绪，导致银行对外放贷更加谨慎，从而加剧货币政策的传导阻滞。例如，在 2008 年全球金融危机期间，由于金融机构的系统性风险暴露，全球银行的信贷紧缩，货币政策的宽松效果大大削弱。

2. 对信贷渠道的影响

银行作为金融市场中的主要信用中介，其信贷决策受金融风险控制的影响。如果银行在金融风险管理上存在漏洞或失误，可能导致银行体系的不稳定，进而影响信贷供给。金融风险控制的措施能够通过确保银行稳健运营，增强银行系统对货币政策的响应能力。相反，如果金融风险没有得到有效控制，银行的信贷扩张可能会过度，从而产生信贷泡沫，影响货币政策的有效性。

3. 对资产价格渠道的影响

货币政策通过影响利率水平，进而影响到资产价格，尤其是房地产和股票市场。然而，金融风险控制对资产价格的稳定性至关重要。若金融风险控制不足，可能引发资产价格的大幅波动，进而使得货币政策的预期效果难以实现。例如，过度宽松的货币政策可能在没有有效的风险控制机制的情况下，导致房地产市场过热，进而加剧通货膨胀，甚至引发金融危机。

（二）金融风险控制对货币政策效果的影响

1. 增强货币政策的有效性

有效的金融风险控制能够提高货币政策在不同经济环境下的适应性，增强其对经济运行的调控效果。金融体系稳定性增强，有助于提高市场对货币政策的信心，进而促进货币政策目标的实现。以 2008 年全球金融危机后的货币政策调整为例，许多国家通过加强金融风险控制，提升了货币政策在应对危机中的有效性。比如，宽松的货币政策在金融体系得到有效修复后，能够更快速地刺激经济复苏。

2. 减缓金融风险对货币政策目标的冲击

在金融危机时期，金融风险通常会显著影响货币政策的实施效果。例如，市场的恐慌情绪和银行体系的不稳定性可能导致货币政策的执行陷入困境。此时，如果金融监管机构及时采取有效的金融风险控制措施，通过增强资本充足率、加强流动性支持、实施量化宽松政策等手段，能够有效缓解金融风险对货币政策的负面冲击，帮助经济恢复正常运行。

3. 协调货币政策与金融监管政策

金融风险控制还促进了货币政策与金融监管政策的协调配合。有效的金融监管能够为货币政策的顺利实施提供保障，避免货币政策目标与金融稳定之间的冲突。例如，央行在进行货币政策调整时，若能够充分考虑金融风险的可能传导渠道，避免通过过度放松货币政策刺激高风险投资行为，便能够在促进经济增长的同时，防范金融泡沫的形成，确保货币政策目标的长远实现。

（三）金融风险对货币政策的挑战

尽管金融风险控制有助于促进货币政策的有效实施，但在全球经济形势复杂多变的背景下，金融风险仍然对货币政策的执行构成严峻挑战。

1. 全球化背景下的金融风险传染效应

随着全球经济一体化，金融市场之间的联系愈加紧密，单一国家或地区的金融风险可能迅速扩散至其他经济体，影响全球货币政策的协调与实施。例如，欧洲债务危机期间，欧元区国家的金融危机蔓延至全球金融市场，导致美国和亚洲地区的金融市场也出现波动，这对全球货币政策的有效性提出了挑战。在这种情况下，各国央行的货币政策可能会受到跨国金融风险的干扰，导致政策传导机制的复杂化。

2. 金融创新带来的新的风险

随着金融市场的不断创新，各种新型金融产品和工具的出现使得金融风险的控制变得更加复杂。金融衍生品、互联网金融、加密货币等新兴领域的风险，给传统的货币政策调控带来前所未有的挑战。例如，加密货币的快速发展可能导致资本外流，进而影响国家的货币供应量和汇率。

3. 过度依赖货币政策的风险

在一些情况下，国家或地区可能会过度依赖货币政策来解决经济中的问题，而忽视了金融风险的控制。过度宽松的货币政策虽然能够短期刺激经济增长，但如果忽视金融风险的积累，可能会导致资产泡沫的形成，最终反噬经济稳定。尤其在金融体系相对脆弱的情况下，货币政策的放松可能会激化金融风险，进而影响货币政策的可持续性。

（四）金融风险控制与货币政策的协调发展

1. 强化宏观审慎政策的作用

为了应对金融风险对货币政策的影响，中央银行需要进一步强化宏观审慎政策的作用。宏观审慎政策是通过对金融体系整体稳定性进行监测和调控，以防范系统性金融风险对经济的冲击。通过实施资本缓冲、反周期资本要求、杠杆率控制等宏观审慎措施，能够在一定程度上弱化金融风险对货币政策的负面效应。

2. 完善货币政策工具箱

面对日益复杂的金融风险，中央银行需要进一步完善货币政策工具箱，发展更加灵活、精准的政策工具。例如，传统的利率政策可能无法在某些特殊情况下有效传导货币政策，此时，我们可以通过量化宽松、正回购操作、货币互换等非常规货币政策工具来进行调整。同时，金融风险控制的加强也能够确保这些非常规政策工具能够发挥更大的作用。

3. 促进金融市场的透明度和流动性

为了增强金融市场对货币政策的响应能力，金融监管机构应进一步提高市场的透明度和流动性。信息的不对称和市场的不透明性是金融风险的重要来源，提高市场参与者对金融市场动态的认知，能够有效降低金融风险对货币政策的干扰。

金融风险控制是货币政策有效实施的必要保障。通过确保金融体系的稳定性，金融风险控制能够完善货币政策的传导机制，提高货币政策的有效性。同时，金融风险控制还能够减缓金融危机对经济的冲击，协调货币政策与金融监管政策之间的关系，促进经济的稳定增长。然而，随着全球化和金融创新的加速，金融风险控制面临的挑战也日益严峻。未来，央行和金融监管机构需不断完善金融风险防控机制，提高货币政策工具的灵活性，提高金融市场的透明度和流动性，以确保货币政策能够在复杂的经济环境中持续有效地发挥作用。

二、对财政政策的影响

（一）财政政策的基本概述

财政政策是政府为调节经济活动、实现社会经济目标而采取的各项经济活动，包括政府支出、税收政策和政府债务管理等。其核心目标在于促进经济增长、平衡国家预算、稳定物价、增加就业以及缩小贫富差距等。然而，在现实经济运作中，财政政策往往受到各种内外部因素的影响，尤其是金融风险的出现对财政政策的执行产生了深远影响。

金融风险本质上是指金融市场的波动或金融体系的不稳定性所带来的各种负面影响。金融市场风险、信用风险、流动性风险、操作风险等，不仅对银行、证券、保险等金融机构产生威胁，同时也对宏观经济环境产生深远影响。财政政策作为政府调控经济的一个重要手段，必须在金融风险的背景下进行调整和优化，以适应新的经济形势和稳定的经济发展目标。

（二）金融风险对财政政策的具体影响

1. 影响财政收入的稳定性

财政收入来源主要包括税收、国有企业利润、自然资源收入等，而金融风险通常会直接影响到这些收入的稳定性。例如，金融市场的不稳定可能导致证券市场大幅波动，进而影响到企业的盈利水平和税收来源。再比如，金融危机期间，企业可能面临经营困难，甚至出现亏损，这将导致企业所得税的减少。除此之外，金融风险还可能导致外资撤离，影响外汇收入和跨国企业的税收缴纳。

2. 加大财政支出的压力

金融风险的爆发往往伴随着经济衰退的风险，财政政策为应对这种情况，可能需要加大公共支出的力度，如增加失业救济、社会保障、基础设施建设等支出。这些支出增加会导致政府财政预算出现赤字，尤其是在没有充分储备的情况下，可能需要通过发行国债来筹集资金。若金融市场也存在不确定性，则国债发行的成本会增加，进一步加重财政负担。

3. 对税收政策的影响

在金融风险环境下，政府可能需要调整税收政策以应对经济衰退的挑战。例如，在金融危机期间，许多国家可能采取减税措施，以减轻企业和家庭的负担，促进消费和投资。然而，减税政策可能导致财政收入的下降，这需要政府通过调整其他税种或增加债务融资来弥补这一缺口。此外，为了有效应对金融风险，政府可能需要加强金融监管，提高税收合规性，减少税收流失。

4. 财政政策的可持续性挑战

金融风险还可能对财政政策的可持续性构成威胁。长期的财政赤字、债务累积以及金融市场的不稳定可能会加剧国家的财政危机，尤其是在全球化背景下，国际资本流动可能会影响政府借款的成本和偿债能力。例如，金融危机爆发后，部分国家可能因过度依赖外债而面临严重的偿债压力，进而影响到政府实施财政政策的能力。

5. 社会保障体系的压力

金融风险还可能对社会保障体系产生深远影响。金融市场的不稳定可能导致养老金、医疗保险基金等投资收益下降，甚至出现基金缺口，影响到社会保障体系的运转。同时，金融风险可能导致失业率上升，增加社会福利支出。政府需要通过调整财政政策来平衡社会保障资金的需求，从而确保社会保障体系的可持续性。

（三）财政政策在金融风险控制中的作用

财政政策在金融风险控制中发挥着重要作用。政府通过调节财政政策，不仅可以缓解金融风险对宏观经济的不利影响，还可以为金融市场的稳定提供支撑。具体来说，财政政策在金融风险控制中的作用体现在以下几个方面。

1. 加强对金融市场的监管与干预

财政政策能够通过政府支出和税收政策调节金融市场的供需关系，控制金融市场的风险。例如，政府可以通过税收优惠、财政补贴等手段，引导资本流入特定行业或领域，防范金融市场的过度投机。此外，政府还可以通过制定政策和法规，加强金融市场的监管，防范系统性风险的发生。

2. 通过财政刺激政策应对金融危机

在金融危机爆发时，政府通常会采取财政刺激政策，如增加基础设施投资、扩大公共服务、增加社会福利等，以刺激经济增长和提高就业水平。这些财政政策措施可以有效应对金融市场的不稳定，缓解经济下行压力，为金融市场的复苏提供支持。通过财政刺激政策，政府可以增强市场信心，降低金融危机对社会经济的负面影响。

3. 稳定社会预期，增强政策透明度

在金融风险的背景下，市场对未来经济形势的预期可能产生较大波动。政府可以通过财政政策的透明化和规范化，达到市场对财政政策的预期。例如，政府可以提前公布预算、税收政策以及社会保障政策的调整方向，确保市场参与者能够清晰地了解政策变化的影响，避免因不确定性带来的市场恐慌。

4. 增强金融体系的抗风险能力

财政政策可以通过增强金融机构的资本充足性和流动性，提升金融体系的抗风险能力。例如，政府可以通过财政补贴、贷款优惠等方式，支持银行、保险公司等金融机构应对市场波动，防止系统性金融风险的发生。此外，政府还可以通过出台相关政策，支持金融机构加强风险管理和资本管理，提高其应对突发金融危机的能力。

（四）金融风险与财政政策互动的挑战与机遇

金融风险与财政政策之间具有复杂的互动关系。虽然财政政策在控制金融风险方面具有重要作用，但也面临着诸多挑战和机遇。

1. 挑战：财政政策的滞后性和反应性

财政政策的执行往往存在一定的滞后性，特别是在经济下行周期中，财政政策的调整可能需要较长时间才能见效。因此，在面对突发的金融风险时，政府可能无法及时采取有效的财政政策应对，导致风险蔓延，影响经济稳定。

2. 挑战：财政赤字与债务问题

金融风险可能导致财政赤字和债务水平上升，增加财政政策调整的难度。特别是在全球化背景下，资本流动和国际市场的不稳定可能影响政府的债务管理能力。为应对金融风险，政府可能不得不增加借债或采取其他短期措施，可能导致财政可持续性面临挑战。

3. 机遇：推动财政政策改革

金融风险也为财政政策的改革提供了机遇。为适应金融市场变化，政府可以提高财政政策的灵活性和适应性，推动财政政策向现代化、透明化、国际化方向发展。财政政策的改革不仅可以提升政府应对金融风险的能力，还能够为经济增长创造更为有利的条件。

4. 机遇：促进财政与金融政策的协调

金融风险促使财政政策与货币政策、金融监管政策之间加强协调。在面对复杂的金融市场波动时，财政政策可以与货币政策配合，通过适当的财政刺激和货币宽松政策组合，最大化促进经济复苏和金融市场的稳定。财政与金融政策的协调合作，有助于提高整体政策的综合性和有效性。

金融风险对财政政策的影响是深远且复杂的。在现代经济环境中，财政政策不仅要应对传统的经济周期波动，还要面对金融市场不稳定带来的多重压力。因此，政府需要在制定财政政策时，充分考虑金融风险因素，通过加强财政政策的透明度、灵活性和可持续性，确保其在经济波动中发挥有效作用。在此基础上，财政政策应当不断完善，推动财政与金融政策的协调合作，提高金融市场的稳定性，最终实现宏观经济的平稳发展。

第十二章　金融风险控制的挑战与对策

第一节　金融风险控制的内部挑战

金融风险控制是金融体系稳定和经济持续发展的重要保障。然而，在实施金融风险控制的过程中，许多内在的挑战和难题常常成为制约其效果的关键因素。金融机构、监管部门以及市场参与者在面对复杂多变的金融环境时，常常面临多方面的内部挑战，这些挑战不仅来自内部管理、技术应用和人才问题，也与金融体系自身的结构性问题息息相关。下面将从几个关键方面详细探讨金融风险控制的内部挑战。

一、管理结构的不完善

（一）层级管理体系不清晰

在许多金融机构中，管理层级过多，决策程序烦琐，导致信息传递滞后，影响金融风险控制的效率。尤其是在大型银行和金融集团中，决策权通常被分散在不同的部门和子公司之间，造成了管理上的“信息孤岛”。这种情况使得金融风险控制的相关决策往往缺乏及时性和有效性，无法在第一时间做出精准的应对措施。

金融机构在进行金融风险控制时，经常出现职责划分不清、工作重叠或脱节的现象。不同部门和人员之间缺乏有效的沟通和协调，导致各个层级的人员无法有效地联动应对潜在的风险。例如，信贷部门和风险管理部门之间的信息传递不顺畅，可能会导致风险评估不到位，影响贷款审批和后期风险监控。

（二）管理层对金融风险的认知不足

金融风险控制的首要前提是高层管理者必须对潜在的金融风险有充分的认识

和预见。然而，现实中一些金融机构的高层管理者可能由于缺乏对金融风险控制的深入了解，或者过度依赖短期的利润目标，而忽视了金融风险控制的重要性。部分高管在面对市场竞争压力时，倾向于以“高收益、低风险”为目标，忽略了金融市场中的不确定性和潜在的系统性风险。

此外，一些金融机构在面对复杂的金融工具和创新产品时，管理者对其背后的风险结构理解不够深入，容易低估产品可能带来的风险。这种管理上的认知误差可能导致金融风险控制措施的不到位，甚至在一些情况下，机构过度依赖某一类风险较高的产品，导致整体风险敞口过大。

二、技术手段的局限性

（一）风险识别与预警系统的不完善

随着金融市场的快速发展，各种复杂的金融产品层出不穷，传统的风险识别和预警系统已经逐渐无法满足新的需求。尤其是在处理大规模、复杂数据时，很多金融机构仍然依赖人工分析和传统的评估方法，这不仅效率低下，还可能导致错误的风险评估。例如，基于历史数据的风险评估模型，虽然能反映一定的市场规律，却难以预见突发的、非线性的金融风险。

目前，虽然许多金融机构已经开始应用人工智能和大数据技术来提高风险识别能力，但在实践中，这些技术的应用仍面临着技术人员不足、数据不完整以及算法模型的局限性等问题。尤其是在全球化金融市场中，数据的跨境流动和不同国家的监管差异，也使得风险识别和预警系统的构建面临更加复杂的技术挑战。

（二）信息技术基础设施的不健全

信息技术基础设施的建设直接影响到金融风险管理的效果。尽管大多数金融机构都已进行了一定程度的信息化建设，但在信息系统的整合和数据共享方面仍存在较大差距。一些金融机构的 IT 系统存在陈旧的情况，难以适应新形势下的快速变化。与此同时，系统的安全性和稳定性不足，也增大了数据泄露和系统故障带来的潜在风险。

信息技术的落后还体现在数据处理和分析能力上。金融风险的控制依赖于大量的实时数据和精准的分析，而在一些机构中，由于技术水平不足，其往往无法对庞大的数据进行高效处理和实时分析，导致错过最佳的风险应对时机。这种信息技术的不健全不仅增大了金融风险控制的难度，还降低了机构对突发风险事件的应急反应能力。

三、组织文化和员工素质问题

（一）风险意识不足

在许多金融机构中，员工的风险意识普遍较弱，特别是在中低层员工中，这种现象尤为突出。部分员工因日常工作与风险管理脱节，缺乏对潜在风险的敏感度，往往在业务推进过程中忽视了风险控制的基本原则。特别是在市场压力较大的情况下，员工容易将眼前的业务目标与短期利益放在首位，忽视了长远的风险防范。

金融风险控制不仅是高层管理者的责任，每个员工都应当成为风险管理的一部分。然而，很多金融机构未能有效地在公司文化中注入风险管理理念，导致员工在面对复杂的市场环境时，缺乏必要的判断力和应对能力。长期缺乏风险意识的员工可能在决策中忽视潜在的风险隐患。

（二）员工素质参差不齐

金融风险控制不仅依赖于技术和系统，还高度依赖于从事金融风险控制工作的人员素质。目前，金融行业中人才的质量参差不齐，特别是在一些中小型金融机构，风险控制人员的专业背景和经验相对薄弱。在某些情况下，缺乏足够经验的员工可能在处理复杂的风险情境时做出错误决策，从而加快了金融风险的扩散速度。

此外，金融风险控制人员流动性较大，尤其是在高压环境下，员工容易出现工作倦怠或者跳槽现象。这种流动性不仅影响了团队的稳定性，还导致知识和经验的流失，使得金融风险控制工作时常面临人员不足或人员不匹配的困境。缺乏经验和专业背景的员工往往无法有效识别和应对复杂的金融风险，增加了机构运营的潜在不确定性。

四、内部审计与合规体系的缺陷

（一）内部审计和监控机制不健全

内部审计是金融风险管理的重要组成部分，旨在确保金融机构的运营符合相关法规，并及时发现和纠正潜在的风险。然而，很多金融机构的内部审计和监控机制存在严重缺陷。例如，审计人员的独立性不足，导致审计结果缺乏客观性和公正性；或者审计周期过长，不能及时发现和纠正风险问题。

在一些金融机构中，内部审计部门与管理层存在较为紧密的联系，审计人员可能由于受到管理层压力，未能真正履行应有的监督职能。这种情况不仅影响了审计的有效性，还可能掩盖了潜在的风险隐患。尤其在金融危机或重大风险事件发生后，审计人员和管理层往往会因责任推诿而忽视审计报告中的警示信号。

（二）合规体系的执行不到位

合规管理是金融风险控制的重要保障。然而，在一些金融机构中，合规体系的建设和执行存在较大问题。部分机构在合规管理的执行中存在形式主义，过于注重合规文档的完备和合规流程的走过场，而忽视了合规文化的培育和员工的合规意识。这种情况下，合规部门往往仅仅执行外部监管要求，而忽视了内部控制的实际有效性。

此外，金融行业的合规要求复杂且不断变化，金融机构在应对日益严格的监管环境时，面临着较大的压力。由于合规体系的执行不力，部分金融机构可能在某些业务环节中存在违规操作，进而带来合规风险和法律责任，从而影响金融风险控制的效果。

总之，金融风险控制的内部挑战是多方面的，包括管理结构的不完善、技术手段的局限性、组织文化和员工素质问题以及内部审计和合规体系的缺陷等。面对这些挑战，金融机构需要从多方面入手，提高技术手段和信息化建设水平，同时加强对员工的风险意识和专业素质培养，确保金融风险控制的有效性与稳定性。

第二节　金融风险控制的外部挑战

一、全球化背景下的金融风险外溢效应

随着全球经济一体化进程的加速，跨国金融活动日益频繁，全球化不仅推动了资本流动的便捷，也使得金融风险的传染性和外溢效应显著增强。特别是在金融危机、全球股市波动、汇率波动等方面，外部风险对国内金融体系的影响已不可忽视。

在全球化环境下，国际资本市场的紧密相连使得一个国家的金融风险可能迅速通过资本流动、汇率波动、债务危机等渠道扩散至其他国家。2008 年全球金融危机就是一个典型的例子。美国的次贷危机通过全球资本市场的相互联系，迅速传递到世界其他国家，尤其是欧洲和新兴市场国家，导致了全球金融系统的严重失衡。此类外部风险的传递与扩散机制，让国内金融监管机构面临更为复杂的挑战。金融风险控制不仅要考虑国内经济环境，还需对全球经济形势的变化保持高度敏感性，并在应对策略上保持灵活性。

二、国际政策的不确定性

国际政策的不确定性是金融风险控制的另一个重要外部挑战。随着国际经济政治环境的不断变化，各国之间的政策协调与合作往往不如预期。不同国家采取的货币政策、财政政策及监管政策往往相互独立，并且在许多情况下难以实现有效协调。这种政策的不确定性，不仅增加了国内金融市场的不稳定性，也使得金融风险控制面临更多变数。例如，美国的货币政策调整，尤其是加息与降息周期，会对全球资金流动产生重大影响。在美国加息的背景下，全球资本可能会回流至美国，导致新兴市场国家出现资金外流、货币贬值等问题，这对这些国家的金融稳定构成压力。一些发达国家的财政赤字与债务危机也会导致全球金融市场的动荡，进而影响到其他国家的金融风险。因此，金融风险的管理不仅需要关注国内

经济情况，还必须密切关注国际政策的走向，并及时做出调整。

三、跨国金融机构的监管难题

随着跨国金融机构的兴起，尤其是大型银行、保险公司及投资基金等机构的业务遍及全球，金融风险的控制面临着更加复杂的挑战。由于这些跨国金融机构通常在多个国家运营，受到不同国家和地区的监管政策和法律制度的约束，如何确保其在不同法律环境下的合规性，成为金融监管部门的一大难题。

跨国金融机构的监管难度，首先体现在法律和监管框架的差异上。不同国家的监管政策差异较大，监管标准不统一，使得监管机构难以对这些跨国机构进行有效监督。例如，某些国家可能对资本充足率的要求较为宽松，而其他国家则可能采取更加严格的监管措施，导致跨国机构在不同国家之间可以通过“监管套利”来规避风险。其次，跨国金融机构的业务结构复杂，涵盖了银行、证券、保险等多个领域，这种跨行业的复杂性也加大了金融风险的防范难度。因此，为了应对这一挑战，国家间需要进一步加强监管合作，建立统一的监管标准，并通过信息共享机制提高监管的透明度和有效性。

四、全球经济波动的不可预测性

全球经济波动的不可预测性是金融风险控制面临的重要外部挑战之一。国际经济形势的变化、贸易摩擦的升级、突发事件的发生等因素，都可能导致全球经济出现剧烈波动，进而影响到金融市场的稳定。金融市场的不确定性来自多方面，包括政治风险、社会动荡、自然灾害等外部因素的影响。例如，近年来中美贸易摩擦、俄乌冲突等地缘政治风险不断升温，这些外部因素使得全球市场发生剧烈波动，进而加剧了资本市场的不稳定性。在这种环境下，投资者的风险偏好发生变化，市场可能出现大幅波动，甚至是金融市场的剧烈调整。国内金融机构和投资者往往难以在这种复杂多变的国际经济形势下准确预测未来的经济走势，因此，金融风险的防范与应对显得尤为困难。

五、自然灾害和公共卫生危机的影响

自然灾害和公共卫生危机，如地震、洪水等突发事件，给金融市场带来了巨大的不确定性和风险。这些事件不仅会直接影响到相关国家和地区的经济活动，还会导致全球供应链的中断，金融市场出现剧烈波动。

这些突发事件的不可预测性和广泛影响，加大了金融风险控制的难度。为了应对这些外部挑战，金融监管部门和各类金融机构必须建立起更为健全的应急机制，并具备足够的灵活性和应变能力。例如，在面临突发公共卫生危机时，政策制定者需要迅速采取经济刺激措施，维持市场的流动性，避免金融市场崩溃。同时，跨国金融合作机制也需要在此类全球性危机中发挥作用，以应对全球经济波动所带来的金融风险。

六、技术进步带来的新风险

技术进步，尤其是信息技术和金融科技的快速发展，在为金融行业带来便利的同时，也带来了全新的风险。在金融服务日益数字化、智能化的今天，网络安全风险、数据泄漏风险等问题愈发突出，给金融市场的稳定性带来了新的威胁。金融市场的数字化程度越高，受网络攻击的风险也随之增加，黑客攻击可能导致大量资金损失，甚至可能引发系统性金融风险。此外，随着区块链技术的应用和加密货币的流行，金融体系中的去中心化趋势正在逐步加强。这种去中心化的金融体系，虽然在某些方面提升了金融系统的透明度和效率，但也使得金融监管面临前所未有的挑战。如何有效监管这些新兴的金融产品与服务，防止技术性风险转化为金融系统性风险，是当前金融风险管理亟待解决的重要问题。

七、外部政治因素的影响

外部政治因素是金融风险控制的又一大挑战。全球范围内，国家间的政治关系和国际政治局势往往会对金融市场产生直接影响。例如，经济制裁、贸易禁令等政治措施，可能导致资本流动的突然变化、货币汇率的大幅波动，甚至引发金融危机。金融市场对外部政治因素的敏感性，要求监管机构不仅要关注经济和市场数据，还要关注国际政治环境的变化。例如，某些国家由于政治因素可能面临金融制裁或信用评级下调，这将直接影响其金融市场的稳定性，导致资金流出、汇率波动等问题。为了有效应对外部政治风险，金融监管部门应加强对国际政治形势的跟踪与分析，并根据政治局势的变化及时调整金融政策，保障金融系统的稳健运行。

第三节　控制金融风险的策略

金融风险控制一直是金融行业和政府部门关注的重点课题，尤其在全球化与技术飞速发展的背景下，金融市场的复杂性、波动性与系统性风险都呈现出前所未有的挑战。因此，如何有效地应对金融风险，并制定出合理、有效的风险控制策略，已成为金融机构、监管部门乃至国家经济稳定与发展不可或缺的一部分。

一、金融风险的现状与挑战

金融风险的种类繁多，包括市场风险、信用风险、流动性风险、操作风险等，不同的金融机构面临的风险种类和强度也有所不同。近年来，由于金融市场的不确定性、技术进步以及全球化趋势，金融风险的表现方式愈加复杂，带来的负面影响也更加深远。如何有效管理和控制这些风险，成为金融行业的关键任务。

（一）市场风险增大

市场风险通常指由于市场价格波动而带来的风险，主要包括股价、汇率、利率等方面的波动。近年来，由于全球经济的不稳定性，国际市场的波动性大幅增加，尤其是突发性的市场事件和政策变化常常对金融市场造成巨大的冲击。例如，2019 年全球股市大跌，全球经济放缓，导致了投资者信心的丧失，市场风险暴露程度明显增大。此时，如何判断市场波动的规律，并有效应对，成为金融机构面临的重要挑战。

（二）信用风险的潜在威胁

信用风险是指借款方无法按时偿还债务或违约所导致的损失风险。随着全球经济的不稳定，企业债务水平的上升，尤其是在某些新兴市场经济体中，企业或个人的信用风险大幅上升。近年来，许多国家和地区的债务违约事件频繁发生，金融机构面临的信用风险也呈现出加剧的趋势。如何准确评估借款方的信用风险，并采取相应的控制措施，是金融风险控制中的核心内容。

（三）流动性风险的隐患

流动性风险是指金融机构在面临突发的资金需求时，无法迅速筹集到足够资金，导致支付能力不足或资产无法快速变现的问题。随着全球金融市场的不稳定，流动性风险问题日益凸显。例如，在金融危机期间，许多大型金融机构因无法及时调度资金而陷入困境，最终导致破产或政府救助。因此，如何通过多样化资金来源、优化资产负债管理等方式提高金融机构的流动性，成为控制金融风险的必要措施。

二、金融风险控制的基本原则

在应对金融风险时，需要遵循一定的原则，以确保控制策略能够有效执行。金融风险控制不仅仅是对现有风险的反应，更是一项长期的管理任务。以下是一些普遍适用的金融风险控制的基本原则。

（一）预防为主，防患未然

金融风险控制的首要原则是预防为主。金融市场的风险并非一蹴而就，而是一个逐渐积累和发酵的过程。因此，及时发现潜在的风险因素，并采取前瞻性的措施预防风险的发生，至关重要。例如，金融机构可以通过建立健全的风险预警机制，对市场风险、信用风险等进行早期识别，从而在风险真正发生前做出响应，避免严重的损失。

（二）分散风险，降低风险集中度

风险集中度过高是金融风险控制中的一个大忌。为了有效降低风险暴露，金融机构应尽量避免资产和投资的过度集中，而应采取分散化策略。例如，在投资组合中通过多元化资产配置，减少单一市场、单一行业的风险暴露。通过跨地域、跨行业的投资，可以有效降低单一风险事件对整个投资组合的影响，提升金融机构的风险抗压能力。

（三）灵活应对，及时调整

金融风险控制需要具有灵活性和适应性。金融市场变化快速，风险因素错综复杂，因此，固定化的风险管理措施往往难以应对不断变化的市场环境。金融机构必须根据市场的变化、政策的调整以及全球经济环境的变化，随时调整风险管理策略。例如，在全球利率上升的背景下，金融机构可能需要调整自己的贷款利率和存款利率策略，以应对市场风险。

三、应对金融风险的策略与方法

针对不同种类的金融风险，金融机构可以采取相应的控制策略。以下是几种常见的金融风险应对策略。

（一）加强市场风险管理

市场风险管理是金融风险控制中的一项基础性工作，主要通过预测和应对市场价格的波动来降低市场风险的影响。以下是几种常见的市场风险管理策略。

1. 衍生品市场的运用

金融机构可以利用衍生品市场进行风险对冲。衍生品（如期货、期权、掉期等）能帮助金融机构有效对冲汇率、利率等市场波动带来的风险。例如，跨国银行可通过外汇期权来对冲汇率波动带来的潜在损失。

2. 资产配置的优化

通过优化资产配置，金融机构可以有效降低市场风险。合理配置各类资产，包括股票、债券、房地产等，可以在市场波动中降低单一资产类别的风险暴露，增强整体投资组合的抗风险能力。

3. 市场监测与风险预警

建立实时的市场监测与风险预警系统，定期评估市场波动趋势，及时调整风险管理策略。例如，通过大数据、人工智能等技术，预测市场风险的变化，提前做好应对措施。

（二）加强信用风险控制

信用风险控制是金融机构在贷款、融资等过程中必须关注的重点。有效的信用风险控制策略不仅有助于减少违约损失，也能够提高信贷质量和金融机构的盈利水平。以下是几种常见的信用风险控制策略。

1. 加强信用评估体系建设

建立完善的信用评估体系，通过对借款方的财务状况、经营情况以及信用历史进行全面评估，降低违约风险。例如，金融机构可以利用大数据技术对借款人进行全面评估，了解其信用状况、还款能力以及潜在风险。

2. 信用分级管理

金融机构应根据借款方的信用状况进行分级管理。对于高风险客户，可采取更严格的审批流程，必要时要求提供更多的担保或抵押；对于低风险客户，则可以适当放宽信用政策，提供更灵活的融资方案。

3. 信用衍生工具的运用

通过使用信用衍生工具（如信用违约掉期等）来对冲信用风险。金融机构可通过这些工具，将可能的违约损失转移到其他市场参与者手中，从而有效降低信用风险。

（三）加强流动性风险管理

流动性风险管理是确保金融机构在危机时刻能够维持正常运营的重要保障。以下是几种有效的流动性风险管理策略。

1. 建立紧急资金储备机制

金融机构应当建立紧急资金储备机制，确保在短期内能够迅速调度到资金应对突发事件。例如，保持一定比例的现金资产、短期债券等流动性较强的资产，可以在短期资金需求突增时提供缓冲。

2. 优化资产负债管理

金融机构应合理规划资产负债表的结构，确保资产的流动性与负债的偿还能力匹配。特别是在利率变化、市场需求波动等情况下，及时调整资产和负债的组合，以保证流动性风险不激增。

3. 流动性风险监测系统的建设

建立科学的流动性风险监测系统，实时监控资金流动和市场变化，及时做出调整。例如，金融机构可以通过监控大宗交易、资本市场变化等因素，分析可能的流动性风险，并采取相应的防范措施。

金融风险控制是一项复杂而长久的工作，涵盖了多种风险类型、众多控制策略及实施细节。在全球金融市场日益复杂的今天，金融机构必须深入理解风险管理的核心原则，并根据实际情况灵活调整应对策略。同时，政府监管部门也应当加大金融市场的监管力度，为金融市场的稳定和健康发展提供保障。只有通过全方位、系统性的风险控制措施，才能有效应对金融风险，确保经济的持续稳定发展。

第四节　金融风险控制的国际协调与合作

金融风险控制是全球经济与金融体系中至关重要的一环，尤其在全球化和信息化日益发展的今天，金融风险的传播速度与影响范围都呈现出前所未有的特点。为了有效应对日益复杂的金融风险，国际的协调与合作显得尤为重要。本节将详细探讨金融风险控制的国际协调与合作，分析其现状、挑战以及应对对策，最终提出加强国际合作的策略与措施。

一、金融风险控制的国际化背景

随着国际金融市场的高度一体化，各国金融体系与经济活动相互联系，金融风险的传导途径也变得愈加复杂。从 20 世纪末的亚洲金融危机，到 2008 年全球金融危机，国际金融市场的动荡对全球经济稳定性带来了深远的影响。每一次危机的爆发，都对各国政府和监管机构提出了更高的金融风险管理要求，尤其是跨境资本流动、全球金融体系的互联互通，使得金融风险的防控已经不再是单一国家的任务，而是全球共同面对的挑战。

国际的金融合作不仅仅局限于危机发生时的应急响应，更多的是关于金融稳定的长期机制建设。例如，国际货币基金组织和世界银行等国际金融组织，承担着推动全球金融稳定、为成员国提供政策咨询和技术支持的角色。而金融稳定委员会、巴塞尔委员会等也在推进全球金融监管标准和风险管理方法的统一化方面发挥着关键作用。

二、金融风险的国际协调挑战

尽管国际的金融风险控制合作日益加强，但在实践中，仍然面临着众多挑战。这些挑战不仅源于各国政治、经济环境的差异，还涉及金融市场的复杂性以及风险控制方法的多样性。

（一）国家利益与合作的矛盾

不同国家的经济发展水平、金融市场结构和政策目标各不相同，因此在金融风险控制的合作中，国家间往往存在利益冲突。发达国家往往在金融体系中占据主导地位，其金融风险管理框架往往偏向保护自身经济利益，而发展中国家的金融体系相对薄弱，其风险防控机制的建设面临更多挑战。因此，如何在全球范围内协调各国利益，建立公平、公正、透明的合作机制，成为金融风险控制合作中的首要难题。

（二）金融市场的全球化与监管滞后

金融市场的全球化意味着资本流动、金融产品交易以及金融创新的跨国界性，然而各国的金融监管往往滞后于金融市场的变革。跨国金融机构、跨境资本流动以及新的金融工具的出现，使得全球金融风险的监管体系显得相对松散。尤其在金融危机发生时，监管者通常难以协调一致，导致跨国监管合作的缺乏，进而加剧了金融危机的蔓延。

（三）金融产品和金融服务的创新带来的不确定性

随着金融科技的迅猛发展，新型的金融产品和服务层出不穷。例如，金融衍生品、网络金融、人工智能应用等的不断创新，不仅提高了金融市场的效率，也带来了新的风险。这些新型风险的管理超出了传统金融监管体系的范畴，使得国际在协调合作时面临前所未有的不确定性。各国对新兴金融产品的理解和监管框架存在较大差异，这种差异直接影响到全球金融风险控制的效果。

（四）跨国金融机构的监管难题

跨国金融机构的规模庞大，且其运营涉及多个国家和地区。由于不同国家的监管标准和政策差异，跨国金融机构的监管常常存在套利空间，且其风险防控措施在全球范围内缺乏统一性。此外，跨国金融机构通常以“金融创新”为名开展复杂的金融活动，这些活动往往脱离了传统监管框架，使得监管部门对其控制能力有限，甚至在危机爆发时，监管者无法迅速追踪和评估其风险暴露程度。

三、国际金融风险控制的合作机制

为应对这些挑战，全球金融体系需要建立更加紧密和高效的国际金融风险控制合作机制。当前，国际上已有一些金融合作框架和机制，旨在通过协同工作实现风险的共担与共享。以下是几个主要的国际金融合作机制。

（一）国际货币基金组织

IMF 作为全球金融稳定的重要机构，主要通过对成员国的经济政策进行监督，提供金融援助，维护全球金融稳定。IMF 对全球经济形势的评估和监测能力，能够帮助各国识别潜在的金融风险，并提供相应的政策建议。尤其在国际金融危机爆发时，IMF 往往通过提供紧急贷款来帮助陷入危机的国家渡过难关。

（二）金融稳定委员会

FSB 是一个由主要经济体组成的国际组织，旨在促进全球金融系统的稳定。FSB 通过制定全球金融稳定标准，协调各国监管机构的政策，增强全球金融体系的韧性。FSB 的工作主要集中在加强跨国监管合作、优化全球金融市场的结构、监控系统性风险等方面。

（三）巴塞尔委员会

巴塞尔委员会是由全球主要的银行监管机构组成的国际性组织，旨在推动全球银行业的稳定和健康发展。巴塞尔协议是其核心工作成果之一，为全球银行业提供了一套统一的监管标准。尤其是巴塞尔协议 III，强调了资本充足性、流动性和杠杆率等金融风险指标，为金融机构提供了一个规范的风险管理框架。

（四）金融行动特别工作组（FATF）

FATF 的主要任务是通过制定反洗钱和反恐怖融资标准，帮助各国打击非法金融活动，防范金融犯罪对金融体系的破坏。FATF 的标准对于跨国金融活动的监管具有重要意义，特别是在全球金融风险防控中，它为各国提供了共同的监管框架和反腐败措施。

（五）国际清算银行

BIS 作为全球金融监管的协调中心，在国际金融风险控制中也发挥着重要作用。BIS 通过提供金融稳定的研究与政策建议，推动全球金融机构的合作，并为各国中央银行提供重要的数据支持。BIS 在推动全球金融政策协调、提升监管质量等方面起到了纽带作用。

四、加强国际金融风险控制合作的对策

为了有效应对全球金融风险，促进国际金融市场的稳定，各国应从以下几个方面加强合作与协调。

（一）强化跨国监管信息共享与协调

金融风险的传导与传播速度极快，因此，国际金融监管机构应加强信息共享与沟通。建立跨国金融风险预警系统，及时交换市场信息、金融机构风险暴露数据和宏观经济数据，能够为全球金融监管提供更为及时、精准的信息支持。各国金融监管机构应定期举行多边会议，共同评估全球金融风险的态势，协调一致地采取应对措施。

（二）推进全球金融市场的统一标准

目前，全球金融市场的监管标准仍然存在较大差异。为了提升金融风险防控的效果，全球应进一步推动金融监管标准的统一化。特别是在金融科技、跨国银行业监管等领域，全球需要在相似的监管框架下进行协调，以避免监管套利和政策失效。同时，推动国际组织（如巴塞尔委员会、FSB 等）进一步完善全球金融风险控制标准，形成统一的监管框架。

（三）提升国际金融危机应对机制的灵活性

金融危机发生时，迅速而有效的应急响应至关重要。各国应加强对全球金融

危机应对机制的建设，提高国际组织在危机时的应急反应能力。例如，IMF 可以进一步扩展其危机应对工具，提高对成员国的支持力度；FSB 和巴塞尔委员会应在危机发生前进行更多的风险预测与应急演练，确保在突发事件发生时能够协调一致地实施应对措施。

（四）加强金融科技与数字金融的全球监管合作

随着金融科技和数字货币的快速发展，国际的金融监管合作面临着新的挑战。各国应加强对金融科技的跨国监管合作，确保新型金融工具的安全性与透明度，防止金融创新带来的系统性风险。通过加强对跨国数字金融平台和加密货币交易所的监管，防范非法资金流动和金融犯罪。

参考文献

[1] 鲜慧 . 对金融危机背景下财政税收改革的思考 [J]. 现代经济信息,2014(23):334.

[2] 陈海燕 . 从金融危机分析金融风险财政化的新变化 [J]. 科教导刊，2015（33）：1.

[3] 何时杰 . 浅析企业财务管理内部控制建设与风险防范 [J]. 中国商论，2019（18）：2.

[4] 韩涵，江宇，刘志球 . 风险管理与税收风险防范综述 [J]. 特区经济，2013（6）：2.

[5] 廖乃庆 . 深化财政税收体制改革化解地方政府债务风险 [J]. 黑龙江科学，2020，11（7）：2.

[6] 王芳 . 土地财政的时空差异、风险评估与预防控制 [D]. 武汉：中南财经政法大学，2022.

[7] 赵礼刚 . 税收分成、转移支付与地方财政可持续性 [D]. 蚌埠：安徽财经大学，2023.